中社智库 地方智库报告
Local Think Tank

阳泉郊区实践：
政党中心治理模式的一个诠释

The Practice of Yangquan Suburb:
An Interpretation of the Party-centered Governance Mode

周庆智　刘杨　著

中国社会科学出版社

图书在版编目（CIP）数据

阳泉郊区实践：政党中心治理模式的一个诠释／周庆智，刘杨著． —北京：中国社会科学出版社，2023.7
　ISBN 978-7-5227-2261-0

　Ⅰ.①阳⋯　Ⅱ.①周⋯②刘⋯　Ⅲ.①社会管理—研究—阳泉　Ⅳ.①D672.53

中国国家版本馆CIP数据核字（2023）第130916号

出 版 人	赵剑英	
责任编辑	王　琪	
责任校对	杜若普	
责任印制	王　超	

出　　版	中国社会科学出版社	
社　　址	北京鼓楼西大街甲158号	
邮　　编	100720	
网　　址	http://www.csspw.cn	
发 行 部	010-84083685	
门 市 部	010-84029450	
经　　销	新华书店及其他书店	
印　　刷	北京君升印刷有限公司	
装　　订	廊坊市广阳区广增装订厂	
版　　次	2023年7月第1版	
印　　次	2023年7月第1次印刷	
开　　本	710×1000　1/16	
印　　张	13.75	
字　　数	181千字	
定　　价	69.00元	

凡购买中国社会科学出版社图书，如有质量问题请与本社营销中心联系调换
电话：010-84083683
版权所有　侵权必究

《阳泉市抓党建促基层治理能力提升专项行动创新成果丛书》编委会

主　　　编：周庆智

编委会成员（以姓氏笔画为序）

　　　　　　马宝成　王　茵　王炳权　王敬尧

　　　　　　孔繁斌　张小劲　张明军　周庆智

　　　　　　赵树凯　党国英　崔智林　景跃进

编　　　务：刘　杨　王　琪

目 录

前 言 ··· (1)

第一章　阳泉郊区实践与政党中心基层治理模式 ··············· (8)
　　第一节　政党中心治理模式 ································· (8)
　　第二节　党、国家（政府）、社会关系 ····················· (12)
　　第三节　党建引领与阳泉郊区治理实践 ····················· (14)

第二章　发挥基层党组织的领导作用 ··························· (27)
　　第一节　加强基层治理党的领导体制 ························ (28)
　　第二节　加强乡镇管理体制 ································· (38)
　　第三节　完善党建引领的社会参与制度 ····················· (54)

第三章　发挥基层政府的主导作用 ······························ (67)
　　第一节　加强乡镇行政执行能力 ···························· (67)
　　第二节　提升乡镇为民服务能力 ···························· (79)
　　第三节　促进乡镇议事协商能力 ···························· (89)
　　第四节　夯实乡镇应急管理能力 ···························· (98)
　　第五节　强化乡镇平安建设能力 ··························· (103)

第四章　发挥群众在基层治理中的主体作用 ···················· (111)
　　第一节　加强基层群众自治组织建设 ······················· (113)

第二节　发挥社会力量的协同作用 …………………（135）

第五章　党建引领基层治理的阳泉郊区实践
　　　　——基于调查数据的检验 …………………………（142）
　　第一节　基层党建 ……………………………………（145）
　　第二节　治理参与 ……………………………………（156）
　　第三节　认同信任 ……………………………………（170）
　　第四节　数据检验概括 ………………………………（180）

第六章　阳泉郊区实践
　　　　——政党中心基层治理模式的一个诠释 ………（183）
　　第一节　政党中心治理模式的地方实践 ……………（184）
　　第二节　党政关系、政府与社会关系、党与
　　　　　　社会关系 ……………………………………（188）
　　第三节　阳泉郊区经验：政党中心基层治理模式的
　　　　　　实践样本 ……………………………………（191）

附录　城乡社会发展与稳定调查问卷 …………………（202）

参考文献 …………………………………………………（210）

后　记 ……………………………………………………（213）

前　言

一

阳泉市郊区以党建引领基层治理创新实践，大力推动基层治理的体系建设和治理能力的机制提升，构建在基层党组织统一领导、政府依法履责、各类组织积极协同、群众广泛参与，自治、法治、德治相结合的基层治理体系。特别是党的十九大以来，阳泉市郊区以党的组织力建设为中心，以党的组织体系建设为重点，基层党组织对基层政权系统和基层经济社会各个领域都有很好的融入/嵌入，充分发挥党的政治领导和引领功能，并围绕党与政府的关系、党与社会的关系、政府与社会的关系、政府与市场的关系，全方位推进以党建为中心的基层治理体系和治理能力现代化，其丰富多样的治理创新经验能够对中国特色的国家治理理论发展和新时代中国基层社会治理实践具有积极的理论价值和政策指导意义。

所以，把阳泉市郊区作为党建引领基层治理创新的一个典型案例，有理论和实践两个方面的预期。

一是理论的发展诉求。基层社会是政党与社会发生直接联系的场域，如何实现政党领导和引领社会治理，成为政党主导型国家治理中的一个核心问题。阳泉市郊区党建引领基层治理的创新实践具有解释效力，它可以为中国特色的基层治理模式提供一个经验研究基础上的、地方性的实证样本，对当前中国关于政党中心治理模式的概念范畴和理论体系的阐释具有建构性意义。

二是实践的政策需求。即如何以党建为中心统合基层党组织与基层政权、社会组织、群众组织等之间的关系。一方面，加强党政机关、人民团体、企事业单位、农村、社区等的党建工作，建立健全党组织发挥领导作用和组织功能的制度规定；另一方面，探索发挥好党组织在新经济组织、新社会组织等新兴业态以及新的社会群体中的作用，不断扩大党的组织和党的工作对经济社会发展各领域的覆盖，阳泉市郊区这个地方性案例对推进中国基层社会治理体系与治理能力现代化能够提供可资借鉴的政策启示意义。

二

基层社会治理是国家政权稳定的重要根基。习近平总书记指出，一个国家治理体系和治理能力的现代化水平很大程度上体现在基层。他强调，要推动党组织向基层延伸，把基层的工作做好。[①] 基层党建成效如何，直接关系到国家治理体系和治理能力现代化顶层设计的落实落地，直接关系到党和国家的长治久安。

党建引领治理，就是要强化党建的政治引领功能，形成对于基层社会治理统一的思想认识、标准规则和行动规范；要强化党建的价值引领功能，以社会主义核心价值观引领基层社会治理工作的正确导向；要强化党建的组织动员功能，培育社会动员新机制和社会成员主动参与意识，加强社会各种力量的合作协调，形成多元共治良好局面，提高基层社会治理实效性；

---

① 张玉强：《习近平关于社区治理重要论述：逻辑理论、主要内容与实践价值》，《邓小平研究》2021年第3期。

要强化党建的沟通协调功能，整合人力资源、物质资源、精神资源、信息资源等，为各主体搭建良好的沟通平台，激发各主体在基层社会治理中的活力。

党建引领基层治理的原则，就是以习近平新时代中国特色社会主义思想为指导，坚持和加强党的全面领导，坚持以人民为中心，以增进人民福祉为出发点和落脚点，以加强基层党组织建设、增强基层党组织政治功能和组织力为关键，以加强基层政权建设和健全基层群众自治制度为重点，以改革创新和制度建设、能力建设为抓手，建立健全基层治理体制机制，推动政府治理同社会调节、居民自治良性互动，提高基层治理社会化、法治化、智能化、专业化水平。

党建引领基层治理的实现路径，就是坚持党对基层治理的全面领导，把党的领导贯穿基层治理的全过程、全领域。坚持全周期管理理念，强化系统治理、依法治理、综合治理、源头治理。坚持因地制宜，分类指导、分层推进、分步实施，向基层放权赋能，减轻基层负担。坚持共建、共治、共享，建设人人有责、人人尽责、人人享有的基层治理共同体。

总之，党建引领基层治理的主要目标，就是党全面领导基层治理制度的不断完善，基层政权具备强有力的治理能力，基层群众自治发挥基础作用，社会力量发挥积极的辅助作用，基层公共产品和公共服务均等、高效，党的执政合法性基础更加牢固。在此基础上，基本实现基层治理体系和治理能力现代化。

三

基层社会是政党长期执政的合法性根基，同时也是政党与社会之间建立直接联系的场域。那么，党建何以能够引领基层社会治理，这是因为"中国特色社会主义最本质的特征是中国共产党领导"①。换言之，中国共产党不仅是中国国家政治生活的领导核心，也是中国社会的组织核心，亦即政党领导和引领社会治理是当下中国基层治理中最为核心的一种模式。第一，无论从结构上还是功能上看，作为执政党的中国共产党不同于世界政治现象中的一般政党的意义，事实上它构成了一种社会公共权力。②第二，中国共产党既是执政力量，也是领导力量。作为执政的力量，是政治制度的实际操作者；作为领导的力量，可以不依赖政治制度（即国家制度），而拥有实际的政治力量。第三，中国共产党组织具有自身相对独立性，在政府系统之外存在着广大的党员以及嵌入整个社会的党的基层组织。也就是说，在国家与社会关系中，作为中国社会领导核心的中国共产党具有决定性的作用。这就意味着中国社会的权力关系与一般国家（包括西方国家）有很大差别，这种差别决定了不能像研究其他国家那样，直接用国家与社会的二分法来研究中国问题，而是要充分考虑到中国共产党作为一种特殊的政治力量在国家生活、社会生活以及国家与社会关系中的重要作用。③因此，以党建为中心，实现基层治理现代化，在比较政党研究和政治实践的意义上，需要确认政党的性质或类型，即政党与国家公权力的关系。在政党国家体制（party-state system）中，政党与国家融为一体，在这个意义上，中国共产党"作为整体的政党"，可以被看作国家的复本（a duplication of the state），④它既在国

---

① 习近平：《决胜全面建成小康社会 夺取新时代中国特色社会主义伟大胜利——在中国共产党第十九次全国代表大会上的报告》，人民出版社2017年版。

② 胡伟：《政府过程》，浙江人民出版社1998年版，第98页。

③ 林尚立：《集权与分权：党、国家与社会权力关系及其变化》，载陈明明主编《革命后社会的政治与现代化》（《复旦政治学评论》第一辑），上海辞书出版社2002年版，第152—153页。

④ ［美］萨托利：《政党与政党体制》，王明进译，商务印书馆2006年版，第71页。

家中，也在社会中。

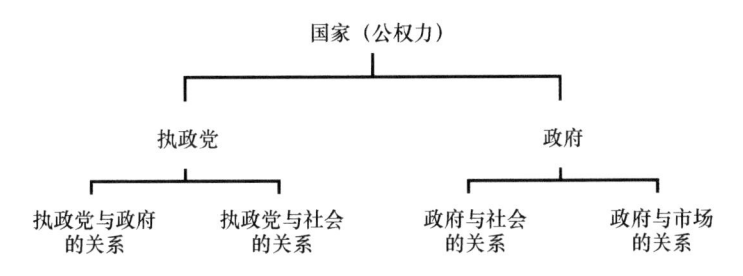

图 0-1 基层治理体系的概念框架及关系范畴

```
                    国家（公权力）
                   ┌──────┴──────┐
                 执政党          政府
               ┌───┴───┐      ┌───┴───┐
            执政党与政府  执政党与社会  政府与社会  政府与市场
             的关系      的关系      的关系      的关系
```

所以，阐释中国基层治理现代化，必须考虑这样一个具有决定性、全局性、背景性或框架性的关键因素：国家体制的政党政治影响因素对中国的社会政治和社会关系发挥着实质性的影响，它是国家权力、基层社会秩序的合法性来源。因此，中国基层治理现代化必须以执政党为中心，主要通过三个维度，即组织嵌入、价值引领、资源整合，在基层社会治理过程中发挥执政党的领导和引领作用。中国政党政治这个"根本性特性"规定了中国基层治理现代化范畴的现代政治社会秩序的原则和依据，它的组织基础与社会基础，以及公共权威与公众关系及社会整合和社会组织管理方式。进一步讲，党建引领基层治理现代化，需要明确这样一个支配性的、决定性的、结构性的影响变量，那就是党、社会、国家三者关系的变化，尤其是党在国家与社会关系范畴中的位置，决定了国家与社会关系的性质。在国家与社会关系中，渗透着党与政府的关系以及党与社会的关系，把握了这一基本关系，就能够把握党建引领基层治理现代化的整个过程。

换言之，中国国家治理这一主导性的关键特征具有重大的方法论意义，亦即在阐释党建引领基层治理的现代化建构及其秩序合法性含义时，党、国家与社会三者之间的关系必须加以通盘的考虑，而党—政关系与国家—社会关系的联结是考察这

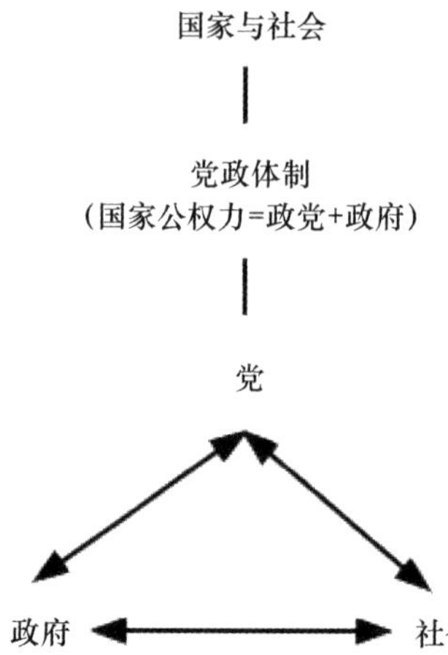

```
        国家与社会
           |
        党政体制
   (国家公权力=政党+政府)
           |
           党
          ↗ ↖
         ↙   ↘
      政府 ←——→ 社会
```

图 0-2　党—政府—社会的关系维度

一问题的一个具体进路。因此，党、政府（国家）、社会三分框架或三组关系，将成为研究党建引领基层治理现代化的认识范式和分析维度。

四

本书以阳泉市郊区城乡（镇）社区为研究对象。阳泉市郊区是一个城乡融合型县区，面积461平方千米，全区常住人口14.7万人，辖6个乡镇85个行政村，以及14个城市社区。本书的资料和数据主要来自对上述城乡（镇）的实地调研和问卷调查。

本书以阳泉市郊区党建引领与治理体系建设为中心，从三个部分进行阐述。首先，党的组织力是关键。推进基层治理现代化建设，最根本的就是加强党对基层治理的全面领导，以增强基层党组织政治功能和组织力为关键，发挥基层党组织战斗堡垒和党员先锋模范作用。其次，基层政权治理能力是抓手。以改革创新和制度建设、能力建设为抓手，从增强乡镇行政执行、为民服务、议事协商、应急管理、平安建设五大能力方面，阐释基层政权治理能力体系。最后，自治、法治、德治治理能力是基础。将分别阐释基层群众自治制度、基层法治和德治建设情况，集中关注基层治理社会化、法治化、智能化、专业化水平。

本书采用定性研究与定量研究相结合的方法，具体方法包括：第一，个案研究法。对阳泉郊区具有代表性的创新实践进行实地调研，并对个案进行比较研究。第二，深度访谈法。就典型性或普遍性问题，对不同的城乡（镇）社区，进行深度访谈，深化对专项问题的认识。第三，文本分析法。对阳泉郊区关于基层党建工作的文本材料进行比较分析。第四，调查问卷法。定性研究方法在代表性和一般性方面具有局限性，为了克服这一点，本书采用调查问卷方法，并对更大范围内的基层治理情况做了一般性的归纳、概括和分析，试图找出与本课题研究对象具有共性关联的方面，这个工作在一定程度上弥补了定性研究方法的不足。

本书的资料来源由三个部分构成。一是实地获取的调研资料，包括通过访谈、座谈会、专题调研、现场参与观察等获得的资料。二是文本资料，包括所调研城乡（镇）提供的文本资料以及其他有关基层治理工作方面的文本资料；有关政策文件，包括党政系统对党建引领基层治理现代化要达到的奋斗目标、遵循的行动原则、完成的明确任务、实行的工作方式、采取的一般步骤和具体措施等方面的重要讲话和政策要求等文件。三是问卷调查数据资料，以及阳泉市郊区党政相关部门的经济社会发展统计资料。

第一章　阳泉郊区实践与政党中心基层治理模式

对阳泉郊区的治理实践进行经验分析，需要明确如下几个方面：第一，在理论上，把阳泉郊区的治理实践置于政党中心治理模式的框架中来总结、概括和分析，是因为只有把阳泉郊区个案的讨论确立在中国政治发展的制度逻辑和治理逻辑的基础之上，我们才能够抽取出阳泉郊区治理实践的理论价值及其指导意义。第二，在方法论上，以党、政府与社会三分框架或三组关系的认知范式，来理解和阐述阳泉郊区实践的现代治理建构及其符合中国历史和社会发展的党建引领与治理体系建构的意义。第三，在治理实践上，从"党建引领基层治理"的视角来阐释阳泉市郊区治理创新实践，有助于把握和理解中国基层治理的主导力量及其政治经济社会条件、推进和限制它的各种影响因素以及它的治理体系的建构逻辑与治理能力的基础与动力。

第一节　政党中心治理模式

中国共产党从登上历史舞台到主导新中国的政权建设，再到改革开放的社会转型，乃至中国特色社会主义新时代的全面深化改革，都在表现着政党组织有力、领导有效和担当有为的自主形象。整体来看，中国共产党通过组织的制度化来强化治理现代化的领导能力，通过政治核心的引领作用实现社会的内部改革与外部开放，以此实现政党功能的塑造，来主导中国治理现代化的进程，其内涵彰显了"政党中心主义"的显著功能价值。换言之，中国存在"事实上的政党中心主义"治理模式，亦即中国共产党通过组织的核心凝聚力，使党组织深深嵌入/融入国家和社会之中，最终实现以党为中心的社会组织格局和动员模式。

进一步讲，可以把中国共产党视为国家的组成部分，它一方面追求整体的利益，同时也与国家权力高度融合。"政党中心论关注到中国政治情境下的政党对政权、经济和社会生活的组织与引导，显然超越了国家中心论的范畴。"[①] 但时至今日对中国政党主导型的治理模式，来自理论上的讨论时间并不长，有两个突出的特点：一个是基于对国家中心主义与社会中心主义的检讨而提出的政党中心主义理论,[②] 但后者对包括中国在内的后发型国家政党主导型治理理论的建构还处在概念的提炼与特征的描述和分析上，或者说，还没有形成体系化、概念化、范式化的理论体系；另一个是在政界、理论界、知识界形成一个共识，即政党主导下的制度变迁，既是不能忽视的历史存在，也是很多国家当下的写照,[③] 亦即有一个"事实上的政党中心主义"，反过来讲，政党中心主义能够解释中国的实践，因此，对中国的国家治理现代化（政党主导的现代化）尤其是改革开放

[①] 陈家喜：《中国情境下政党研究的话语建构》，《国外社会科学》2019 年第 5 期。

[②] 杨光斌：《制度变迁中的"政党中心论"》，载杨光斌《政治变迁中的国家与制度》，中央编译出版社 2011 年版，第 182—219 页；郭定平：《政党中心的国家治理：中国的经验》，《政治学研究》2019 年第 3 期。

[③] 杨光斌：《制度变迁中的政党中心主义》，《西华大学学报（哲学社会科学版）》2010 年第 2 期。

40多年来的国家治理经验的总结和提炼就具有了政党中心治理模式的理论建构意义。

对"事实上的政党中心主义"的认识表明，必须以中国自己的条件来解决中国自己的问题。习近平总书记在中共中央政治局第十八次集体学习会上指出："解决中国的问题只能在中国大地上探寻适合自己的道路和办法。数千年来，中华民族走着一条不同于其他国家和民族的文明发展道路。我们开辟了中国特色社会主义道路不是偶然的，是我国历史传承和文化传统决定的。我们推进国家治理体系和治理能力现代化，当然要学习和借鉴人类文明的一切优秀成果，但不是照搬其他国家的政治理念和制度模式，而是要从我国的现实条件出发来创造性前进。"① 换言之，外源性的理论体系、核心概念、方法论及其现代治理理论（即源出于西方社会的知识体系）不能或无法理解和解释中国政治与中国治理体系和治理能力的实践。2016年5月17日，习近平总书记主持召开"全国哲学社会科学工作座谈会"，提出建设中国自主性的哲学社会科学，提出了"三大体系"（即学科体系、学术体系、话语体系）。② 2022年4月25日，习近平总书记在中国人民大学考察时，在座谈会上又讲到建设中国自主的知识体系的命题，认为没有自主的知识体系就谈不上所谓的三大体系。③ 构建中国自主知识体系的提出，使政党中心治理模式的理论体系建构成为时代的主题之一。

----

① 《习近平在中共中央政治局第十八次集体学习时强调　牢记历史经验历史教训历史警示　为国家治理能力现代化提供有益借鉴》，《人民日报》2014年10月14日第1版。

② 习近平：《在哲学社会科学工作座谈会上的讲话》，人民出版社2016年版，第15页。

③ 《坚持党的领导　传承红色基因　扎根中国大地　走出一条建设中国特色世界一流大学新路》，《人民日报》2022年4月26日第2版。

概言之，中国社会治理是以政党为中心的治理模式，亦即以政党为中心的治理模式能够有效地解释中国的治理实践。在这个治理模式中，"党政军民学，东西南北中，党是领导一切的"，而"党的领导必须是全面的、系统的、整体的，必须体现到经济建设、政治建设、文化建设、社会建设、生态文明建设和国防军队、祖国统一、外交工作、党的建设等各方面"。[1] 换言之，政党中心治理模式在实践上，必然要求以党建为中心、以党的组织体系建设为重点，推动中国社会治理现代化，一方面要巩固优势，加强党政机关、人民团体、企事业单位、农村、街道社区等的党建工作，建立健全党组织发挥领导作用和组织功能的制度规定；另一方面要拓展阵地，探索发挥好党组织在新经济组织、新社会组织等新兴业态以及新的社会群体中的作用，不断扩大党的组织和党的工作对经济社会发展各领域的覆盖。

也就是说，对于中国而言，实现治理现代化和现代化治理的关键在于把"坚持党的领导、人民当家作主和依法治国统一起来"[2]。因此，以党的组织体系建设为重心，建构以政党为中心的社会治理模式，具体有以下四个方面的要求：一是政治功能引领。社会治理的核心目标是服务于广大人民群众的利益需要，这同党的宗旨是完全契合的。二是整合性引领。执政党具有组织优势与资源优势，能够对社会不同利益进行权威性整合，尤其是能够对社会治理中常见的自发性、片面性和非公共性的成分加以改造，使之成为符合社会发展方向的积极成分。三是动员功能引领。执政党在社会治理中拥有强大的政治权威，因

---

[1] 习近平：《毫不动摇坚持和加强党的全面领导》，《求是》2021年第18期。

[2] 江泽民：《全面建设小康社会 开创中国特色社会主义事业新局面——在中国共产党第十六次全国代表大会上的报告》，人民出版社2002年版，第51页。

而社会动员功能十分强大。四是沟通功能引领。社会治理水平反映出一个社会的凝聚力状态,因此党建的沟通功能越是强大,社会共识的达成度就越高,社会排斥状况的出现率就越低。

总之,从比较政党研究和政治实践上看,在政党主导型的国家中,政党与国家融为一体,它既在国家中,也在社会中。政党如何领导和引领基层社会治理就自然成为政党主导型国家治理中的核心问题。因此,在政党、国家、社会之间的复杂关系中,以政党为中心的社会治理模式就成为主导性的核心模式。

第二节 党、国家(政府)、社会关系

在讨论中国基层社会治理时,不能简单地运用国家与社会关系的理论范畴和分析范式,而必须将中国国情的结构性变量考虑进来,而中国最大的国情就是中国共产党领导。换言之,"在中国社会,国家与社会的关系不简单是两者之间关系,因为作为领导中国社会发展的核心力量,中国共产党不仅是国家政治生活的领导核心,而且是中国社会的组织核心。所以,在中国,国家与社会关系的变化必然涉及到党,该变化是在党、国家和社会三者关系的框架内展开的"[①]。也就是说,在思考中国的国家与社会关系时,必须考虑到政党维度,亦即党、国家(政府)、社会三者各关系中,党不仅是一个结构性的一维存在,同时也是一个决定性的影响因素和核心力量,它既在国家中,也在社会中。

第一,作为整体代表的政党嵌入国家权力结构之中,同时又没有脱离社会。也就是说,政党既在国家中也在社会中。这

[①] 林尚立:《社区自治中的政党:对党、国家与社会关系的微观考察——以上海社区为考察对象》,载上海市社科联等汇编《组织与体制:上海社区发展理论研讨会会议资料汇编》,2002年,第45、52—53页。

一事实带来了两层递进的变化：首先，作为公权力的国家概念在外延方面增添了新的要素；其次，国家公权力的概念变化传导到国家与社会关系分析范畴。这两重变化对于中国政治研究具有非常重要的认识论意义。对政党位差及其后果和意义的思考，将有助于研究者理解和把握当代中国国家与社会关系的特殊性和复杂性。①

第二，在政党主导型国家体制中，党对国家的全面渗透是一个基本事实，但是这一事实本身并不构成在逻辑上和概念上将党归入国家范畴的理由，因为即使在全面渗透的背景下，党依然保持了自身在组织上、功能上的相对独立性。这种相对独立性生成了国家与社会关系中的一个重要维度，由此"将政党带进来"，将国家与社会关系二分法发展为政党、政府与社会关系三分法。原先国家与社会的单维关系扩展为三维关系（即政党与社会关系、政府与社会关系以及政党与政府关系）。

第三，在比较政治学的脉络下，将国家与社会关系发展为一个具有三层结构的分析范畴。新的概念结构为我们思考国家与社会关系范畴的普遍性和特殊性提供了新的想象空间。西方意义上的国家（政府）和社会关系与政党主导型体制中的政党、政府和社会关系，都可以视为这一新建构的、具有普遍性的国家与社会关系范畴中的两个亚类型。这样的处理方式不但可以较好地平衡特殊性与普遍性之间的关系，也有助于中国学界和西方学术界的对话与沟通。

所以，在阐释阳泉郊区以党建为中心的治理实践时，必须把党与社会的关系、党与政府的关系、政府与社会的关系、政府与市场的关系做出通盘的考虑，"在国家与社会关系中……我们可以把党作为政治力量归结到国家的范畴，并由此来分析国

---

① 景跃进：《将政党带进来——国家与社会关系范畴的反思与重构》，《探索与争鸣》2019 年第 8 期。

家与社会关系，但是问题在于党作为一种组织力量，与社会有着密切的关系。这就意味着中国社会的权力关系与一般国家（包括西方国家）有很大差别。这种差别决定了我们不能像研究其他国家那样，直接用国家与社会的二分法来研究中国问题，要充分考虑到党作为一种特殊的政治力量在国家生活、社会生活以及国家与社会关系中的重要作用"[1]。所以，执政党在国家与社会关系中的"结构性位置"，不仅是我们阐述阳泉郊区治理实践的理论视角和逻辑起点，同时它还具有（经验分析）方法论——议题的设置与提问的方式上的重大意义。

第三节 党建引领与阳泉郊区治理实践

改革开放以来，中国的社会结构发生了深刻变革，由此也发生了利益关系的深刻调整和政治观念的深刻变化。中国共产党建立新中国，不仅建立了社会主义国家政权，而且对中国社会的组织方式进行了全面改组，形成了以党的组织为轴心，以单位体制为架构的社会组织模式。这种社会组织模式成为党领导中国社会的重要组织基础。然而，市场经济的发展在改变社会的权力结构的同时，也改变了社会的组织方式，单位制的社会组织架构开始衰弱，社区制的社会组织架构开始形成；与此相应，行政化的单位管理逐渐失去主导地位，而自治化的社区管理的地位和作用日益凸显。从一定意义上讲，这个变化改变了党领导国家、组织社会的组织体系和活动空间。于是，在新的历史条件下，党就不可避免地要面临这样一个基本问题：党如何在变化了的社会中，既能适应和推动社会的正常

---

[1] 林尚立：《集权与分权：党、国家与社会权力关系及其变化》，载陈明明主编《革命后社会的政治与现代化》（《复旦政治学评论》第一辑），上海辞书出版社2002年版，第152—153页。

发展，又能保持党应有的领导地位和作用。解决这个问题的关键是党如何依据现代社会发展的规律，全面协调党、国家与社会的关系。

从理论和实践上看，协调党、国家与社会关系的一个基本价值取向就是，建立和发展能够同时保障三者活力的关系结构。事实上，建立这种关系结构以及由此形成生动活泼的政治局面，一直是中国共产党人的努力目标。

党的十八大以来，党中央对社区治理的战略方向提出了新的要求，成为新时代城乡社区治理的新方向。社区治理体系是国家治理体系的基础内容，2017年，中共中央和国务院发布《关于加强和完善城乡社区治理的意见》，对社区治理体系做出了"四大主体""六大能力"的部署。其中，"四大主体"为：充分发挥基层党组织领导核心作用，有效发挥基层政府主导作用，注重发挥基层群众性自治组织基础作用，统筹发挥社会力量协同作用。① 党的十九大报告要求："加强社区治理体系建设"，"健全自治、法治、德治相结合的乡村治理体系"。② 2019年，党的十九届四中全会提出"构建社会治理共同体"③ 的命题，构建"治理体系"成为新时代社区治理的重要目标。党的二十大报告有关社会治理的论述整体上延续了党的十九届四中全会所做出的部署。建设社会治理共同体已经成为党实现国家长治久安、人民安居乐业的重要举措。党的二十大报告指出，

---

① 《中共中央 国务院关于加强和完善城乡社区治理的意见》，2017年6月12日，中国政府网（http：//www.gov.cn/xinwen/2017-06/12/content_5201910.htm）。

② 习近平：《决胜全面建成小康社会 夺取新时代中国特色社会主义伟大胜利——在中国共产党第十九次全国代表大会上的报告》，人民出版社2017年版。

③ 《中共十九届四中全会在京举行》，《人民日报》2019年11月1日第1版。

要完善社会治理体系，健全共建共治共享的社会治理制度，提升社会治理效能，畅通和规范群众诉求表达、利益协调、权益保障通道，建设人人有责、人人尽责、人人享有的社会治理共同体。

根据党的十八大以来决策层的相关论述，可以总结新时期社区治理的总体要求。新时期，城乡社区治理体系在操作层面大体包含六个方面。

第一，以人民为中心。习近平同志在十八届中央委员会第一次全体会议上当选中共中央总书记时承诺："人民对美好生活的向往，就是我们的奋斗目标。"① 2015 年 7 月，中共中央政治局会议指出，坚持人民主体地位，必须坚持以人民为中心的发展思想，把增进人民福祉、促进人的全面发展作为发展的出发点和落脚点。② 2015 年 12 月，中央城市工作会议指出，做好城市工作要坚持以人民为中心的发展思想，坚持人民城市为人民。③ 2017 年，党的十九大在判断新时代主要矛盾的基础上明确指出，中国共产党人的初心和使命，就是为中国人民谋幸福，为中华民族谋复兴。新时代中国特色社会主义思想，必须坚持以人民为中心的发展思想……使人民获得感、幸福感、安全感更加充实、更有保障、更可持续。④ 党的十九届四中全会强调坚持以人民为中心的发展思想，不断保障和改善民生、增进人民

---

① 《人民对美好生活的向往就是我们的奋斗目标》，《人民日报》2012 年 11 月 16 日第 4 版。

② 《中共中央政治局召开会议　决定召开十八届五中全会　中共中央总书记习近平主持会议》，《人民日报》2015 年 7 月 21 日第 1 版。

③ 《中央城市工作会议在北京举行》，《人民日报》2015 年 12 月 23 日第 1—3 版。

④ 习近平：《决胜全面建成小康社会　夺取新时代中国特色社会主义伟大胜利——在中国共产党第十九次全国代表大会上的报告》，人民出版社 2017 年版。

福祉，走共同富裕道路的显著优势。①"以人民为中心"成为新时代推进国家治理、社区治理的底色和定向标。党的二十大报告在总结新时代10年的伟大变革时指出，深入贯彻以人民为中心的发展思想，在幼有所育、学有所教、劳有所得、病有所医、老有所养、住有所居、弱有所扶上持续用力，建成世界上规模最大的教育体系、社会保障体系、医疗卫生体系，人民群众获得感、幸福感、安全感更加充实、更有保障、更可持续，共同富裕取得新成效。

第二，党建引领。党的十八大以后，决策层更加强调发挥党建引领的作用。党建引领被视为贯穿社会治理和基层建设的一条红线。《中共中央办公厅、国务院办公厅印发〈关于深入推进农村社区建设试点工作的指导意见〉》（2015年）和《中共中央、国务院关于加强和完善城乡社区治理的意见》（2017年）都强调充分发挥基层党组织领导核心作用。2019年，中央办公厅印发的《关于加强和改进城市基层党的建设工作的意见》，明确"加强和改进城市基层党建工作的重要性紧迫性"②。党的十九届四中全会提出要"建立健全以党的政治建设为统领，全面推进党的各方面建设的体制机制"③，健全党组织领导的自治、法治、德治相结合的城乡基层治理体系。党的二十大报告指出，严密的组织体系是党的优势所在、力量所在。各级党组织要履行党章赋予的各项职责，把党的路线、方针、政策和党中央决策部署贯彻落实好，把各领域广大群众组织凝聚好。坚持大抓

---

① 《中共十九届四中全会在京举行》，《人民日报》2019年11月1日第1版。

② 《中共中央办公厅印发〈关于加强和改进城市基层党的建设工作的意见〉》，2019年5月8日，中国政府网（http://www.gov.cn/zhengce/2019-05/08/content_5389836.htm）。

③ 《中共十九届四中全会在京举行》，《人民日报》2019年11月1日第1版。

基层的鲜明导向，抓党建促乡村振兴，加强城市社区党建工作，推进以党建引领基层治理，持续整顿软弱涣散基层党组织，把基层党组织建设成为有效实现党的领导的坚强战斗堡垒。党建引领成为新时期社区治理的重要指针。

第三，重心下移。党的十八大以来，社区治理成为决策层高度关心的议题。社区治理与"基础不牢，地动山摇"的政治要求紧紧连接在一起。习近平总书记在多个场合强调，城市治理的"最后一公里就在社区"①，"社区虽小，但连着千家万户，做好社区工作十分重要"②，"社会治理的重心必须落到城乡社区"③。2015年3月5日，习近平总书记在参加全国"两会"上海代表团审议时讲话谈到，"基层社会治理体系中存在不少问题……要推动管理重心下移，把经常性具体服务和管理职责落下去，把人财物和权责利对称下沉到基层，把为群众服务的资源和力量尽量交给与老百姓最贴近的基层组织去做"④。2017年，党的十九大报告提出，推动社会治理重心向基层下移，发挥社会组织作用，实现政府治理和社会调节、居民自治良性互动。⑤ 2018年，党的十九届三中全会强调：推动治理重心下移，尽可能把资源、服务、管理放到基层，使基层有人有权有物，

---

① 《坚定改革开放再出发信心和决心　加快提升城市能级和核心竞争力》，《人民日报》2018年11月8日第1版。

② 《全面深化改革　全面推进依法治国　为全面建成小康社会提供动力和保障》，《人民日报》2014年11月3日第1版。

③ 《推进中国上海自由贸易试验区建设　加强和创新特大城市社会治理》，《人民日报》2014年3月6日第1版。

④ 《习近平关于社会主义社会建设论述摘编》，中央文献出版社2017年版，第129页。

⑤ 习近平：《决胜全面建成小康社会　夺取新时代中国特色社会主义伟大胜利——在中国共产党第十九次全国代表大会上的报告》，人民出版社2017年版。

保证基层事情基层办、基层权力给基层、基层事情有人办。① 同年,习近平总书记在上海考察时,对深化社会治理创新提出要求:坚持重心下移、力量下沉,着力解决好人民群众关心的就业、教育、医疗、养老等突出问题,不断提高基本公共服务水平和质量,让群众有更多获得感、幸福感、安全感。② 2019 年,党的十九届四中全会指出,推动社会治理和服务重心向基层下移,把更多资源下沉到基层,更好提供精准化、精细化服务。③党的二十大报告提出提升社会治理效能,畅通和规范群众诉求表达、利益协调、权益保障通道,重点突出,体现了问题导向的思维,对加强当前社会治理具有很强的针对性。

第四,社会协同。社会协同主要指引导驻社区企事业单位、社会组织和市场主体参与社区治理。在实践中,具体表现为"三社"(社区、社会组织、社会工作)联动、社会组织承接服务、社会工作团队参与服务的过程。2016 年 10 月,习近平总书记在中共中央政治局第三十六次集体学习时强调,社会治理模式正在从单纯的政府监管向更加注重社会协同治理转变。④ 2017年 3 月 5 日,习近平总书记在参加全国人大上海代表团审议时讲话指出,要发挥社会各方面作用,激发全社会活力,群众的事同群众多商量,大家的事人人参与。⑤ 2018 年,习近平总书记在上海考察市民驿站时指出,加强社区治理,既要发挥基层党

---

① 《中共中央关于深化党和国家机构改革的决定》,《人民日报》2018 年 3 月 5 日第 1 版。
② 《坚定改革开放再出发信心和决心　加快提升城市能级和核心竞争力》,《人民日报》2018 年 11 月 8 日第 1 版。
③ 《中共十九届四中全会在京举行》,《人民日报》2019 年 11 月 1 日第 1 版。
④ 《加快推进网络信息技术自主创新　朝着建设网络强国目标不懈努力》,《人民日报》2016 年 10 月 10 日第 1 版。
⑤ 《践行新发展理念　深化改革开放　加快建设现代化国际大都市》,《人民日报》2017 年 3 月 6 日第 1 版。

组织的领导作用，也要发挥居民自治功能，把社区居民积极性、主动性调动起来，做到人人参与、人人负责、人人奉献、人人共享。① 党的十九届四中全会指出，要发挥群团组织、社会组织作用，发挥行业协会商会自律功能，实现政府治理与社会调节、居民自治良性互动。② 党的二十大报告指出，建设社会治理共同体、推进社会治理现代化是推进中国式现代化的内在要求，具有重要意义。社会治理共同体是党领导下的多元治理主体，是广大人民群众参与的共同体。中国社会治理共同体的目标与中国式现代化目标是一致的，即实现人民幸福生活和中华民族伟大复兴。社会治理共同体是实现中国式现代化的承载体，因此，实现人民幸福生活和中华民族伟大复兴，是"人人有责"，也需要"人人尽责"，通过艰苦努力，最终达到"人人共享"的目标。

第五，基层群众自治。在中国的社区中，居民委员会（村委会）是一个法定的自治组织，《中华人民共和国城市居民委员会组织法》第二条将其界定为"居民自我管理、自我教育、自我服务的基层群众性自治组织"。2012年，党的十八大提出，在城乡社区治理、基层公共事务和公益事业中实行群众自我管理、自我服务、自我教育、自我监督，是人民依法直接行使民主权利的重要方式。③ 2016年，习近平总书记在庆祝全国人大成立60周年大会上发表重要讲话指出：基层群众自治制度是我国的一项基本政治制度……促进群众在城乡社区治理、基层公共事

---

① 《坚定改革开放再出发信心和决心　加快提升城市能级和核心竞争力》，《人民日报》2018年11月8日第1版。

② 《中共十九届四中全会在京举行》，《人民日报》2019年11月1日第1版。

③ 胡锦涛：《坚定不移沿着中国特色社会主义道路前进　为全面建成小康社会而奋斗——在中国共产党第十八次代表大会上的报告》，人民出版社2012年版。

务和公益事业中依法自我管理、自我服务、自我教育、自我监督，切实防止出现人民形式上有权、实际上无权的现象。① 党的十九大报告指出，"有事好商量，众人的事情由众人商量"②。党的十九届四中全会进一步指出要建设人人有责、人人尽责、人人享有的社会治理共同体。③《中共中央 国务院关于加强和完善城乡社区治理的意见》中关于社区治理体系的四大主体之一就是要注重发挥基层群众性自治组织基础作用，界定了基层群众性自治组织规范化建设、社区民主选举制度、群众性自治组织开展社区协商、"法治、德治、自治有机融合"等具体机制。④ 党的二十大报告指出，积极发展基层民主，健全基层党组织领导的基层群众自治机制，完善基层直接民主制度体系和工作体系。党组织领导下的基层群众自治机制是全过程人民民主在制度程序完整性上的体现，是全过程人民民主的规则基础和制度保障。民主是要用来解决人民需要解决的问题的。习近平总书记指出："人民是否享有民主权利，要看人民是否在选举时有投票的权利，也要看人民在日常政治生活中是否有持续参与的权利；要看人民有没有进行民主选举的权利，也要看人民有没有进行民主决策、民主管理、民主监督的权利。"⑤ 基层群众

---

① 习近平：《在庆祝全国人民代表大会成立60周年大会上的讲话》，《人民日报》2014年9月6日第2版。

② 习近平：《决胜全面建成小康社会 夺取新时代中国特色社会主义伟大胜利——在中国共产党第十九次全国代表大会上的报告》，人民出版社2017年版。

③ 《中共十九届四中全会在京举行》，《人民日报》2019年11月1日第1版。

④ 《中共中央 国务院关于加强和完善城乡社区治理的意见》，2017年6月12日，中国政府网（http://www.gov.cn/xinwen/2017-06/12/content_5201910.htm）。

⑤ 习近平：《在庆祝中国人民政治协商会议成立65周年大会上的讲话》，《人民日报》2014年9月22日第2版。

自治机制从制度上保障了人民民主选举、民主协商、民主决策、民主管理、民主监督的权利，是最广泛、最生动的基层民主实践，大大提升了基层社会治理的实效。

第六，治理机制创新。决策层强调大数据、网络技术等在社会治理中的应用。2017年12月8日，中共中央政治局就实施国家大数据战略进行第二次集体学习。习近平总书记强调，要运用大数据提升国家治理现代化水平，要建立健全大数据辅助科学决策和社会治理的机制，推进政府管理和社会治理模式创新，推进"互联网＋教育""互联网＋医疗""互联网＋文化"等，让百姓少跑腿、数据多跑路，不断提升公共服务均等化、普惠化、便捷化水平。[①] 2019年，党的十九届四中全会将之前社会治理制度的提法完善为"党委领导、政府负责、民主协商、社会协同、公众参与、法治保障、科技支撑的社会治理体系"，补充了"民主协商"和"科技支撑"，不但强调"自治、法治、德治相结合"，还强调网格化管理以及服务精准化、精细化。[②] 从社会创新的角度来看，决策层强调协商民主、网格化、精细化等社会治理手段。党的二十大报告提出，完善社会治理体系，健全共建共治共享的社会治理制度，提升社会治理效能，畅通和规范群众诉求表达、利益协调、权益保障通道，建设人人有责、人人尽责、人人享有的社会治理共同体。对社会治理机制创新来说，就是突出党建引领作用，不断夯实组织基础，把党的领导落实到社会治理的全过程、全领域，不断健全完善网格化管理体系。

党的十八大以来，在党和国家关于社会治理的政治与战略发展要求下，阳泉郊区以党建引领为中心，以治理体系建设为

[①]《审时度势 精心谋划超前布局力争主动实施国家大数据战略加快建设数字中国》，《人民日报》2017年12月10日第1版。

[②]《中共十九届四中全会在京举行》，《人民日报》2019年11月1日第1版。

重点，城乡社区治理实践探索展现三个突出的新特点。

第一，城乡社区治理更加突出党建引领。从阳泉郊区的实践来看，党组织在城乡社区治理的作用更加突出，一些地方纷纷探索社区大党委制、发挥区域化党建对社区的支持作用、推出"党支部书记与村（居）委会主任一肩挑"、社区党建、红色物业、党支部建在小区里等探索，通过党的组织动员、资源链接、服务链接等机制，引领社区治理。

第二，城乡社区治理更加突出体系建设。在层级上打破了以往由区级党委政府主导的局限，提升到市级党委统筹领导的层次。更加重视社区治理的"政策体系建设"，体现出"主动改革、建构体系"的特点，包括对城乡一体的社区治理日益重视，将农村社区服务体系全面纳入整体规划，从城乡统筹出发对社区服务体系建设进行统筹部署等方面。

第三，城乡社区治理更加突出技术支撑。党的十八大以来，阳泉市郊区陆续引入智慧社区、大数据、社区治安防控网建设等新技术，现代技术在城乡社区治理过程中的应用更具普遍性。这些新技术的引入，在发现社区问题以及一些问题的解决方面有效率优势，在信息统计方面和公共服务方面便捷、高效，有利于提升群众的安全感、幸福感和获得感。

阳泉郊区治理创新实践的上述三个特点，可以总结、概括为三个方面的中心主题。

第一，加强基层党组织的领导作用，完善党全面领导基层治理制度。一是加强党的基层组织建设，健全基层治理党的领导体制。把抓基层、打基础作为长远之计和固本之举，把基层党组织建设成为领导基层治理的坚强战斗堡垒，使党建引领基层治理的作用得到强化和巩固。加强乡镇、村（社区）党组织对基层各类组织和各项工作的统一领导，以提升组织力为重点，健全在基层治理中坚持和加强党的领导的有关制度，涉及基层治理重要事项、重大问题都要由党组织研究讨论后按程序决定。

积极推行村（社区）党组织书记通过法定程序担任村（居）民委员会主任、村（社区）"两委"班子成员交叉任职。注重把党组织推荐的优秀人选通过一定程序明确为各类组织负责人，确保依法把党的领导和党的建设有关要求写入各类组织章程。创新党组织设置和活动方式，不断扩大党的组织覆盖和工作覆盖，持续整顿软弱涣散的基层党组织。推动全面从严治党向基层延伸，加强日常监督，持续整治群众身边的不正之风和腐败问题。二是构建党委领导、党政统筹、简约高效的乡镇管理体制。深化基层机构改革，统筹党政机构设置、职能配置和编制资源，设置综合性内设机构。除党中央明确要求实行派驻体制的机构外，区直部门设在乡镇的机构原则上实行属地管理。继续实行派驻体制的，要纳入乡镇统一指挥协调。三是完善党建引领的社会参与制度。坚持党建带群建，更好履行组织、宣传、凝聚、服务群众职责。统筹基层党组织和群团组织资源配置，支持群团组织承担公共服务职能。培育扶持基层公益性、服务性、互助性社会组织。支持党组织健全、管理规范的社会组织优先承接政府转移职能和服务项目。搭建区域化党建平台，推行机关企事业单位与乡镇、村（社区）党组织联建共建，组织党员、干部下沉参与基层治理、有效服务群众。

第二，加强基层政府的主导作用，提升基层政权治理能力。一是增强乡镇行政执行能力。加强乡镇党委对基层政权建设的领导。依法赋予乡镇综合管理权、统筹协调权和应急处置权，强化其对涉及本区域重大决策、重大规划、重大项目的参与权和建议权。根据本地实际情况，依法赋予乡镇行政执法权，整合现有执法力量和资源。推行乡镇行政执法公示制度，实行"双随机、一公开"监管模式。优化乡镇行政区划设置，确保管理服务有效覆盖常住人口。二是增强乡镇为民服务能力。市、县级政府要规范乡镇政务服务、公共服务、公共安全等事项，将直接面向群众、乡镇能够承接的服务事项依法下放。乡镇要围绕全面推进乡村振兴、巩固拓展脱贫攻坚成果等任务，做好农业产业发展、人居环境建设及留守儿童、留守妇女、留守老人关爱服务等工作。乡镇要做好环境管理、物业管理、流动人口服务管理、社会组织培育引导等工作。加强基层医疗卫生机构和乡村卫生健康人才队伍建设。优化乡镇政务服务流程，全面推进一窗式受理、一站式办理，加快推行域内通办，逐步推行跨区域办理。三是增强乡镇议事协商能力。完善基层民主协商制度，区级党委和政府围绕涉及群众切身利益的事项确定乡镇协商重点，由乡镇党（工）委主导开展议事协商，完善座谈会、听证会等协商方式，注重发挥人大代表、政协委员作用。四是增强乡镇应急管理能力。强化乡镇属地责任和相应职权，构建多方参与的社会动员响应体系。健全基层应急管理组织体系，细化乡镇应急预案，做好风险研判、预警、应对等工作。建立统一指挥的应急管理队伍，加强应急物资储备保障。每年组织开展综合应急演练。区级政府要指导乡镇做好应急准备工作，强化应急状态下对乡镇人、财、物支持。五是增强乡镇平安建设能力。加强乡镇综治中心规范化建设，发挥其整合社会治理资源、创新社会治理方式的平台作用。完善基层社会治安防控体系，健全防范涉黑涉恶长效机制。健全乡镇矛盾纠纷一站式、多元化解决机制和心理疏导服务机制。

第三，发挥基层群众自治组织的基础作用和社会力量的协同作用。健全基层群众自治制度。一是加强村（居）民委员会规范化建设。坚持党组织领导基层群众性自治组织的制度，建立基层群众性自治组织法人备案制度，加强集体资产管理。规范撤销村民委员会改设社区居民委员会的条件和程序，合理确定村（社区）规模。发挥村（居）民委员会下设的人民调解、治安保卫、公共卫生等委员会作用，村民委员会设妇女和儿童工作等委员会，社区居民委员会可增设环境和物业管理等委员会，并做好相关工作。完善村（居）民委员会成员履职承诺和述职制度。二是健全村（居）民自治机制。强化党组织领导把关作用，规范村（居）民委员会换届选举，全面落实村（社区）"两委"班子成员资格联审机制，在基层公共事务和公益事业中广泛实行群众自我管理、自我服务、自我教育、自我监督，拓宽群众反映意见和建议的渠道。聚焦群众关心的民生实事和重要事项，定期开展民主协商。完善党务、村（居）务、财务公开制度，及时公开权力事项，接受群众监督。强化基层纪检监察组织与村（居）务监督委员会的沟通协作、有效衔接，形成监督合力。三是增强村（社区）组织动员能力。健全村（社区）"两委"班子成员联系群众机制，经常性开展入户走访。加强群防群治、联防联治机制建设，完善应急预案。改进网格化管理服务，依托村（社区）统一划分综合网格，明确网格管理服务事项。四是优化村（社区）服务格局。区级政府规范村（社区）公共服务和代办政务服务事项，由基层党组织主导整合资源为群众提供服务。推进城乡社区综合服务设施建设，依托其开展就业、养老、医疗、托幼等服务，加强对困难群体和特殊人群关爱照护。加强综合服务、兜底服务能力建设。完善支持社区服务业发展政策，采取项目示范等方式，实施政府购买社区服务，鼓励社区服务机构与市场主体、社会力量合作，推进社区服务标准化。

第二章　发挥基层党组织的领导作用

随着改革开放和社会主义市场经济的深入发展，社会经济成分、社会生活方式、社会组织形式以及利益诉求的多样化，给基层治理带来了许多新问题、新挑战。其中一个重要问题，就是正确处理基层党组织和新的经济组织、社会组织、群众自治组织之间的关系。

我国的社会治理是由党委领导、政府负责、社会协同、公众参与、法治保障的。[①] 在这里，党是国家政治生活的领导核心，也是社会生活的组织核心，这就要求党在社会治理中发挥领导和引领作用：一方面，要以组织体系建设为重点，高度重视和积极稳妥地推进新的经济组织、社会组织和群众自治组织的建设，鼓励它们发挥好在社会自我调节、自我完善、自我管理、自我教育中的特殊优势；另一方面，要始终坚持党在基层社会治理中的领导核心地位，发挥好党组织总揽全局、协调各方的作用，充分发挥基层党组织的战斗堡垒作用。

党的十八大以来，阳泉郊区以党建引领与治理体系建设为中心，在推进城乡基层治理现代化过程中，坚持和改善党的领导，发挥好基层党组织的作用，把基层党建的好做法、好经验

[①] 胡锦涛：《坚定不移沿着中国特色社会主义道路前进　为全面建成小康社会而奋斗——在中国共产党第十八次代表大会上的报告》，人民出版社2012年版。

制度化，使基层治理进一步体系化、规范化。

第一节　加强基层治理党的领导体制

对基层实践来讲，加强基层治理党的领导体制，首先要将基层党组织建设嵌入农村治理，提高新时代党全面领导农村工作的能力和水平。党组织的组织覆盖和工作覆盖，能够推进基层党建工作向纵深发展。乡村基层社会治理主体一般包含党组织、村委会、村民集体经济组织、内生型社会组织、农民群体等，从组织上建构嵌入机制，主要涉及以下几个方面。一是扩展党的基层组织体系，解决合村并居后党员人数增多、党组织工作覆盖面不够宽的问题。一般应以村党组织为核心，搭建覆盖所有党员的党小组，通过党小组实现对普通党员的政治引导、思想引领和组织教育，再用党员包片联户的方式，畅通农民的利益表达和权利协商渠道。二是在农村集体经济组织中设置党的组织，把党员、群众组织起来，以增强集体经济组织的使命感和责任感。同时，也可以利用当地优势条件发展壮大村级集体经济，组建村级经济股份合作社或者成立集体经济公司，真正让村民从集体经济中受益。三是在社会组织中设置党的组织。社会组织往往立足于本乡本土，具有较强的基层动员能力，能够调动农民积极参与乡村公共事务的协商、议定和执行。在社会组织中建立党组织体系，能够增强党组织的群众组织力和社会动员力，社会组织也可以借助党的组织体系获得更多的治理资源和资金，增强社会组织的吸引力与创新力。

第一，加强党的基层组织建设，健全基层治理党的领导体制，把抓基层、打基础作为长远之计和固本之举，把基层党组织建设成为领导基层治理的坚强战斗堡垒，使党建引领基层治理的作用得到强化和巩固。

阳泉郊区在治理创新实践中实施了"三级体系、四个层面、五项举措、十种形式"的"34510"工作方法，确保精准、全面、深入查找基层治理存在的突出问题，不断完善党建引领的基层治理体系建设和提升基层治理能力。

（1）构建"三级体系"，落实包联机制。构建区委、区直单位、乡镇党委"三级包联体系"，严格落实区委常委、县级领导"三包"制度，每人包联1个乡镇、3—4个村（社区）、5户群众；区直单位"单包"制度，每个单位包联1—2个村或社区；乡镇科级干部"双包"制度，每人包联1—2个村（社区）、10户群众。2022年6月，郊区29名县级领导干部、100余名乡镇科级干部、52个单位实现了包联乡镇、村（社区）全覆盖，累计包户1200余户，深入开展"摸实情、送政策、解难题、促发展"大调研活动，帮助协调解决基层问题50余个。

（2）聚焦"四个层面"，制定问题清单。聚焦阳泉郊区区委、乡镇党委、村（社区）党组织和乡镇、村（社区）两级干部"四个层面"，区级围绕目标与标准、任务与举措、保障与机制三方面查找问题56条；乡镇党委围绕增强行政执行能力、为民服务能力、议事协商能力、应急管理能力、平安建设能力五个方面查找问题328条；村（社区）党组织围绕加强规范化建设、健全自治机制、增强组织动员能力、优化服务格局、规范财务管理、发展壮大村级集体经济六个方面查找问题682条；村（社区）两级干部围绕思想认识、宗旨意识、职责定位、工作标准、工作作风五个方面查找问题3363条。对查摆出的问题分门别类进行梳理，形成更加细化、具体化的问题清单台账。

（3）落实"五项举措"，查摆突出问题。实施上级领导"点"、对照清单"查"、深入群众"访"、谈心谈话"提"、集体研讨"议"的五项举措，组织区、乡镇、社区三级领导干部和专项行动督导组走访调研，各级班子成员相互对照检查，结合自身职责和重点任务清单，深刻查摆问题，认真剖析原因，明确工作思路，为下一步整改落实打下坚实基础。各职能部门负责人和党员干部主动深入群众、深入实际、深入基层，与群众面对面交谈、心贴心交流，解惑答疑，诚心纳谏，激发广大群众的参与热情。征求老党员、老干部、上访户、困难户等重点人群及区内"两代表一委员"意见建议，各级班子成员履职尽责，结合调研和督导实际，互相交流意见，将职责范围内的突出问题列入问题清单，并提出具体整改意见和建议。区、乡镇、村（社区）三级分别召开专题会议，交流发现的突出问题，深刻剖析产生问题的原因，集体研究解决问题的举措，确保问题找得准、原因剖得深、举措定得实。

（4）运用"十种形式"，征求意见建议。立足工作实际，积极创新方式方法，通过召开座谈会、推进会、征询会，设置一村（社区）一意见箱，开设专题宣传栏，发放征求意见表，进村（社区）入户走访调研，网上发布征求意见公告，设置网络留言板，对标先进典型进行自查等"十种形式"，拓宽渠道、广开言路，实现了征求意见广泛覆盖、查摆问题多方聚力、对照检查走深走实。截至2022年6月，区、乡镇、村（社区）三级共查找问题6177条，通过边查边整边改，对照问题清单，逐项分析研究，清单式解决问题，销号管理，切实做到将"对照检查、整改落实、建章立制"贯穿专项行动始终，确保抓党建促基层治理能力提升专项行动取得实效。[①]

实践证明，阳泉郊区加强党的基层组织建设，健全基层治理党的领导体制的一系列创新做法，增强了治理体系的回应性，获得了高效率的治理能力。下面以2022年阳泉郊区在山西全省抓党建促基层治理能力提升专项行动的创新实践为例，进一步说明。

自山西全省抓党建促基层治理能力提升专项行动启动以来，

---

① 张泰旗、薄红贞：《郊区创新实施"34510"工作法 推进对照检查做细做实》，《阳泉日报》2022年6月6日第3版。

阳泉郊区"三级书记"一起抓、全区上下一起干，坚持"一体化"部署、"一盘棋"牵引、"一张网"布局、"一把尺"衡量四环联动，阳泉郊区区委专班牵头抓总、指挥部挂图作战、包联领导协调配合、乡镇党委及时跟进四级发力，保证基层治理各项工作精心部署、精细督导、精准发力、精彩开局。

"一体化"部署，高站位开局，区委带头以上率下。阳泉郊区区委紧紧围绕山西省省委、阳泉市委各项决策部署，整体强化"一线指挥部"功能，第一时间传达学习山西省省委、阳泉市委决策部署，第一时间建立健全组织领导体系，第一时间列支专项资金予以保障，第一时间构建起以"2+15"政策体系、"5+2""3+2"乡村两级文件清单为基础的制度体系，第一时间进行动员部署，做到领导重视、周密谋划、组织有力、有序推进。阳泉郊区区委成立6个督导组，在阳泉郊区全区开展全覆盖、下沉式督促指导，推动专项行动取得实效。

"一盘棋"牵引，硬机制保障，抓住重点破解难题。阳泉郊区坚持基层治理能力提升、清化收、乡村治理三项工作一体推进。建立了党建引领、"五治融合"的"乡村治理机制"，健全了干部全员参与、村社区全面覆盖、服务全民共享的"干部包联机制"，建立了"一组三团指导帮扶机制"，完善了"干部培训教育机制"。阳泉郊区全区网格员队伍统一组建"1+1+3"组织架构，85个村同步开展"清化收"工作。通过收回债权、化解债务，增加集体经济收入6861.37万元。阳泉郊区全区29名区级领导干部、52个单位实现了对村、社区包联全覆盖。新冠疫情防控期间，阳泉郊区全区7个疫情防控卡口设立临时党支部，组建100余支党员先锋队、突击队，设置400余个党员示范岗，鲜红的党旗成为新冠疫情防控一线最鲜艳的亮色。

"一张网"布局，清单化推进，细化步骤凝聚合力。阳泉郊区坚持"三级书记"一起抓，阳泉郊区全区上下一起干，抽调骨干力量，成立领导组和工作专班，下设7个工作组。区乡专班每周召开调度会，对照考核指标，细化职责措施，明确节点步骤；督导组每10天深入各乡镇进行监督指导；阳泉郊区领导定期听取工作汇报；乡镇、村、社区按月排名；建立周调度、旬汇报、月排名的考核体系。各乡镇做到责任超前压实、问题超前研判，构建起具有阳泉郊区特色的基层治理"工作矩阵"。各相关部门各司其职、协同联动，做到清单化管理、项目化推进。

"一把尺"衡量，大容量宣传，挖掘典型示范提升。阳泉郊区在大力推广固庄村"六议两公开+全员承诺""十二星级文明户"等叫得响的"郊区品牌"基础上，积极培育三都村、程庄村、甄家庄社区等一批"雏雁"党组织，引领阳泉郊区全区基层治理体系和治理能力稳步提升。阳泉郊区为阳泉市各基层党组织编印基层治理固庄经验学习手册3000余册。阳泉郊区全区"五有五建"乡村治理经验在《农民日报》《山西经济日报》等媒体专版刊发，探索"规矩治村"、解锁"幸福密码"的固庄基础治理经验在人民网刊登。阳泉郊区全区上下实现了动员部署、干部包联、团队帮带、教育培训、监督指导"五个全覆盖"，跑出了基层治理"加速度"。①

第二，加强乡镇、村（社区）党组织对基层各类组织和各项工作的统一领导，以提升组织力为重点，健全在基层治理中坚持和加强党的领导的有关制度，涉及基层治理的重要事项、重大问题都要由党组织研究讨论后按程序决定。

下面以河底镇以党建为中心开展各项制度建设和推动乡村发展的各项实践举措为例来概述。

河底镇地处郊区北部，是郊区第二大镇，总面积102平方千米，共1.8万户5.1万人，辖24个行政村1个社区，耕地

---

① 作者于2022年6月在阳泉市郊区调研所得资料。

2.9万亩,林地7.1万亩。20世纪七八十年代,河底镇村村有煤矿、户户是小康,是名副其实的明星乡镇和富裕乡镇。

2009年,由于煤矿政策性关闭并未能成功转型,导致全镇经济断崖式下滑,成了远近闻名的信访大镇和治理弱镇。河底镇党委面对困境,坚持党建引领,始终做到抓班子、带队伍、转方式、提效能,特别是以开展抓党建促基层治理能力提升专项行动为契机,大力推广固庄基层治理先进经验,做到典型引路、示范带动,全面提高民主管理科学化水平,不断增强行政执行能力。

(1)多用心,答"准"乡镇岗位优化设置主观题。面对发展停滞不前、干部无心干事、工作执行力差、群众满意度低等问题,镇党委坚持党建统领、资源下沉、乡镇主战、整体智治,从自身抓起,积极开展岗位比武和轮岗交流,在前期摸底和科学论证的基础上,对全体机关干部重新调整工作岗位,特别是对10年以上关键岗位和20年以上在同一岗位的12人进行了重塑性调岗,全镇涉及调岗25人,实现了乡镇干部老中青梯次搭配和站所长年轻化,做到了行政、事业人员分类管理和统筹使用,优化了乡镇机构运行机制,助推了基层治理体系重塑,构建了分工明确、团结一致、合力发展的良好氛围。

(2)多用情,答"深"村社制度管理客观题。领导班子推出《阳泉市郊区河底镇农村(社区)干部管理制度(十条)》和《阳泉市郊区河底镇农村(社区)干部履职承诺书(十条)》的"双十条"措施,将涉及村民利益、财务收支、公章使用、履职尽责以及关于信访维稳、护林防火、打击私采、安全生产、疫情防控等底线和重点工作写在纸上、挂在墙上,组织村(社区)"两委"班子全员签字承诺并在镇办公大楼公示,给干部戴上了"紧箍咒",倒逼责任落实。同时,建立年初承诺亮诺、年中督诺比诺、年底践诺评诺考核机制,考核结果同薪资待遇挂钩,提高了工作积极性、主动性。

（3）多用力，答"实"凝聚民心民意实践题。"民之所盼，我必行之"。针对过去信访矛盾突出等问题，积极扩大治理半径，实行网格管理，构建"1+1+3"网格员队伍体系和"网格长+网格员+网格辅助员"工作体系，完善领导包村、村干部包片、党员包户、网格员网格化管理的"三包+网格"管理机制，制定网格员工作职责、工作流程、考核办法等规章制度，实现网格工作闭环管理，使每个网格都纳入党组织管理，打通服务群众"最后一公里"，实现民意清、民心稳、民情聚。

（4）多用智，答"好"产业发展压轴题。河底镇大力扶持集体经济，巩固产业发展基础，统筹30万党建经费支持固庄建设乡村教育培训中心，并将固庄村培训范围辐射至温河灌区纪念馆、燕龛沟一带，做到由点到面带动集体经济发展。2021—2022年温河灌区纪念馆接待游客2万余人，燕龛沟在全市美丽乡村竞争立项中拔得头筹；2022年以来，整合全镇各村力量优化组建了4个联村党委，形成了区域化产业发展联合体，帮助各村抓住乡村振兴战略机遇，积极挖掘自身潜能，谋求产业发展，加快产业整合和融合发展力度。如任家峪村成立润物水业有限公司、关家峪村建设温室蔬菜大棚、下章召村发展玉露香梨种植园、程庄村创办捞儿山服装有限公司等，一批新兴产业孕育而生，极大地带动了全镇经济社会发展，实现了班子有合力、干部有压力、党员有动力、群众有内力，工作作风、村风民风有了明显好转，形成了你追我赶比着干的浓厚氛围，扭转了被动局面，实现了由乱到治、由疲转兴。[①]

（5）选优配强"三支队伍"，把好村级"班子建设关"。一是选优配强"领头雁"。借换届契机，选任8名政治素养好、实干意识好、群众口碑好的"三好"人才进入"两委"班子，开展走访调研、实地考察和培训学习，充分发挥党建在发展壮大

---

① 作者于2022年6月在阳泉市郊区河底镇调研所得资料。

村级集体经济中的引领作用。二是打造高质量党员队伍。坚持"三会一课"制度，采取理论实践两统一、实地远程双开展、线上线下相结合的形式，定期组织全体党员开展学习活动，不断提高党员的理论水平和自身素养。三是发展壮大志愿者队伍。深化"主题党日"活动制度，组建党员志愿者服务队1支、妇女群众志愿者队伍1支，招募新时代文明实践志愿者35人、网格员队伍成员12人，推行党员结对认亲帮扶、"我为群众办实事"等活动，构建和谐干群关系，为集体经济发展聚民智。[①]

第三，积极推行村（社区）党组织书记通过法定程序担任村（居）民委员会主任、村（社区）"两委"班子成员交叉任职。注重把党组织推荐的优秀人选通过一定程序明确为各类组织负责人，不断扩大党的组织覆盖和工作覆盖，持续整顿软弱涣散基层党组织，惠农富农，大力提升基层治理能力。

下面以旧街乡里五村为例，对村级基层党组织在基层治理中的领导核心地位和作用进一步说明。

里五村以提升党的组织力为重点，健全在基层治理中坚持和加强党的领导的有关制度，突出党组织的政治引领力，选优配强管好村"两委"班子；强化以制度管人管事的村级运行机制，制定好责任清单和任务清单，给村干部画清红线底线；聚焦人才引进和培养，克服困难下深水摸人，建立后备干部培养和使用台账；强化产业发展，努力壮大村级集体经济，基层党建工作取得很好的效果。

里五村隶属郊区旧街乡，全村总面积23.6平方千米，人口360户787人，共有党员63人，村民代表27人，村"两委"班子成员7人。在治理方面存在三个问题。一是原五个村"两委"班子成员普遍年龄较大、学历偏低，党员年龄结构老化，同时由于地理位置相对比较偏远，村里留守老人多青年人少，后备

---

① 作者于2022年6月在阳泉市郊区河底镇调研所得资料。

干部的储备、培养和使用上面存在一定的短板。二是在股份经济合作社全面完成"清化收"工作第一轮排查并建立完善的台账后发现,各股份经济合作社债务较多,产业发展不太平衡且缺乏整体规划和融合发展。三是由于五村合并后地域面积广,人口居住分散,组织党员活动和志愿服务存在一定的困难,同时在村级党建阵地和便民服务点的建设上选址需要综合考虑的因素较多,进度相对滞后。

自2022年抓党建促基层治理能力提升专项行动开展以来,里五村以"1233"工作机制为引领,团结带领党员村民,加快并村后的"并心",不断优化农村资源,力争用行政村数量的"减法"换取推进乡村振兴的"加法"。

(1)把牢一条主线。坚持抓好党建工作,把牢推动里五村基层党组织全面提升、全面过硬这一条主线,以新理念、新方法、新作风促进党建工作与全村中心工作深度融合。一是选优配强"两委"班子。以支村"两委"换届为契机,将包村领导、乡党委委员、武装部部长通过法定程序选为新一届党总支书记、村委会主任,选好配强头雁,统筹全村各方面发展,切实解决"并村难并心"的困境,同时坚持下深水摸人,充实了4名45周岁以下的年轻干部进入"两委"班子,聚焦"选、育、用"等后备干部培养关键环节,储备了7名40周岁以下的后备干部建立跟踪成长台账,着力打造里五村后备干部"全成长链",解决后继无人的问题。二是创新"党建+"模式。创新"党建+产业发展""党建+队伍建设""党建+微网格""党建+新科技"等各方面,努力将各方面资源进行整合,想方设法激发5个二级党支部的力量,把原先各村的党员调动、凝聚起来,始终突出村党总支在各项工作中的组织领导作用和政治引领作用,实现村级党建工作和其他重点任务和底线工作的有机结合,助推村域经济全方位高质量发展。

(2)夯实两个基础。一是党建阵地建设。在综合考量地理位置、基础条件等多种因素的基础上,通过多次召开支村"两委"会议、党员大会和村民代表大会,最终选址路家庄作为里五村的阵地建设,并且确定了"三室两办一面墙"的打造思路:"三室"即民主议事会议室、党员干部群众活动室、积分兑换室;"两办"即谈心谈话办公室、党建办公室;"一面墙"即村情村务墙。二是各项制度规范执行。自抓党建促基层治理能力提升专项行动开展以来,里五村聚焦理顺运行程序和制定规章制度,在以制度管人管事方面下大力气,先后制定了"一把手"末位表态制度、"一把手"三不直接分管制度(不直接分管财务、项目和人事)、保密守则、干部坐班制度等多项村级制度,同时为了解决由于居住分散造成的群众办事不便及矛盾隐患排查难度大等多种问题,进一步划细了村级网格,做到了"村里有总支,成员村里有支部,片区网格有党员",确保了所有要素进网格、所有服务进网格。

(3) 以"三大"抓手促进三个融合。一是以打造特色农业产业为抓手,促进经济发展不断融合。经过新一届支村"两委"班子的多次研判,确定了里五村要继续依托生态和区位优势,大力发展富硒玉露香梨、杏等特色农产品种植,持续打响富硒玉露香梨这个龙头品牌,努力做大做强紫薯粉条厂、劲钢豆腐厂等农产品深加工产业,同时以华阳一矿风井进驻为契机,盘活闲置土地资源和水资源,带动村集体和村民大幅度增收。通过产业的集体谋划,五个股份经济合作社进一步统一了发展思路,明确了发展方向,确保了一张蓝图绘到底。二是以创新乡村治理模式为抓手,促进思想认识不断融合。以抓党建促基层治理能力提升专项行动为契机,通过网格化管理实现为民服务便捷化,确定了5名全科网格员、53名辅助网格员和5名民事代办长,细化网格员和代办长的工作职责,努力构建全时间、全空间、全流程、全事项的里五村治理新格局。通过两轮入户征求意见,重新制定了里五村合并完成后的村规民约、"一约四会"、村干部负面行为清单等一系列乡村治理相关机构制度,确保全村一套班子一套制度管人管事。确定了常态化开展"星级文明户"、最美庭院、模范家庭等推荐评选,强化以德化人,通过统一的评选标准引导全体村民心往一处想、劲往一处使,真正变"要我合"为"我要合",从思想认识上加强融合。三是以优化乡村环境为抓手,促进民心民事不断融合。为了切实改善并村后的人居环境,践行绿水青山就是金山银山的理念,里五村坚持问题导向,以垃圾清理、污水治理和村容村貌提升为主攻方向,共开展整治人居环境志愿服务12次,参与党员、群众超过800人次,有力推动了全村房前屋后、公共空间和庭院环境整治,通过集中开展志愿服务,共同打造美丽宜居家园,进一步沟通了情感,减少了隔阂,加快了民心融合。[①]

第二节　加强乡镇管理体制

在乡镇组织体系建设方面,阳泉郊区以基层党员干部队伍治理能力提升、乡(镇)村(居)领导班子建设、加强权力约束和构建追责制度等为重点,大力构建党委领导、党政统筹、简约高效的乡镇管理体制。

一　基层党员干部队伍治理能力提升

2021年以来,阳泉郊区针对党员干部的不同特点和需求,采取了区、乡、村三级一体化分层培训模式,先后组织230余名农村"两委"主干和410余名党组织书记,560余名农村、机关事业单位等领域的班子成员,7728名党员开展了系统培训。基本实现了全体党员普遍轮训一遍、基层党组织书记每年轮训全覆盖,党员教育培训工作质量不断提升。

[①] 作者于2022年6月在阳泉市郊区旧街乡五里村调研所得资料。

（1）建章立制，增强党员教育指导性。按照《2019—2023年全市党员教育培训工作的具体措施》（阳组通字〔2019〕76号）要求，第一时间印发《2019—2023年全区党员教育培训工作的实施方案》，建立完善党员教育管理工作协调机构，明确目标任务，分别对"县级普遍轮训""基层党委兜底培训""基层党组织班子成员集中培训""预备期内和转正一年内党员集中培训"形成计划、做出部署。常态化抓好"三会一课"、集中轮训、党员干部讲党课等党员教育培训制度，逐步建立健全党员教育培训联席会议、学时、需求调研和考核评估制度，切实以制度约束保障学习型政党建设。

（2）围绕中心，提升党员教育针对性。充分发挥党校理论优势，围绕中心工作，服务大局，组织开展乡村治理、党的建设、区域经济等课题研究，不断提升理论服务水平。同时，区委党校根据党员培训需求，围绕习近平新时代中国特色社会主义思想、党史教育专题、"不忘初心、牢记使命"主题教育等内容开展党的理论培训班15期，培训4300余人次。同时组织教师进机关、下基层，开展送教上门60余场次，受众5000余人次，理论教育和党性教育内容比重不断提升，较好发挥了党校培训主渠道、主阵地作用。

（3）整合资源，保障党员教育实效性。不断加强技术支持与创新，在保证远程教育站点正常运行的基础上，利用"学习强国""三晋先锋"等学习平台，开展集体学习，将移动端上的精彩内容，逐步投放到远教体系中。在学习方式上加速融合，利用朋友圈、公众号、微课堂学习方式灵活、内容更新较快、形式丰富多样的特点，依托"阳泉郊区党建""阳泉郊区之窗""郊区融媒体中心"等新媒体平台，创办"档案话百年"党史人物、"永远跟党走"等专栏40余期。组织开展全区"优秀电教片"展播活动，第一时间转发国家、省、市相关课件视频，并举办"党课开讲啦"专题微党课8期，党员教育内容体系不断丰富,"指尖上的课堂"高效运转,切实提升了党员教育工作的实效性。

(4)充分利用党课、党建网站、远程教育网络等形式,通过集中培训、远程教育、现场教学等形式,重点抓好党员干部政治理论、政策法规、领导方法、工作实务等方面的培训,提高党员干部的整体素质和工作能力,增强党员的先进性意识,焕发朝气和活力。通过"线上+线下"业务培训方式,对抓党建促基层治理能力专项行动总体工作、农村集体资产"清化收"工作、综合执法改革等进行专题培训,共开展培训65期,其中区级培训10期45次,乡镇培训55期60次,参加培训共8756人次,提高了党员干部政策解读能力和沟通协调水平,明确了相关工作开展方式,切实提高了基层社会治理工作水平。[①]

总之,基层治理的关键主体力量是基层干部,提高基层治理成效关键在人,关键在提高基层干部的治理能力。可以说,提高基层干部的治理能力,既是新时代基层干部队伍建设的重要任务,也是推动基层治理高质量发展的关键一环。这其中,准确把握基层干部治理能力的基本特征与构成,是研究提高基层干部治理能力路径与方法的重要前提条件。

阳泉郊区在抓基层干部队伍建设及治理能力提升方面,有如下一些值得总结的经验。

一是抓好乡级干部队伍。带好乡党委、政府班子队伍,管好机关干部队伍,按照"五办一站两中心"机构设置,结合干部实际,合理划分工作岗位,力争做到人岗相适,出台相关管理制度,规范干部日常行为。同时,实行党政班子包村负责制,明确包村目标、责任、任务,点对点督促指导,在基层一线锤炼干部。

二是抓好村级党员干部队伍。全面实行村党组织书记星级

---

① 作者于2022年6月在阳泉市郊区调研所得资料。

化管理，编制村干部岗位职责清单、任务清单、负面清单，不断优化考核方式，把工作实绩与资金分配、薪酬待遇结合起来，不断增强党员干部凝聚力和提高党支部战斗力。实行农村党员积分制管理，开展无职党员设岗定责，组织农村党员参加技能培训，提升党员能力素质。

三是抓好驻村队和第一书记队伍。管好用好驻村第一书记和工作队及招聘到村的大学生力量，加强与派出单位沟通，赢得支持，加强考核管理，出台管理办法，确保工作、责任、政策落实落细。加强关怀，关心第一书记、工作队生活，为其工作生活提供便利，充分发挥好驻村工作队的帮扶作用。

二　大抓乡（镇）村（居）领导班子建设

阳泉郊区区委在治理实践中，坚持系统化谋划，区委专班牵头抓总、指挥部挂图作战、包联领导协调配合、乡镇党委及时跟进四级发力，相关部门各司其职、协同联动；坚持项目化推进，确定农村集体经济"清化收"、"一支队伍管执法"、"联村党委"、村（社）书记星级化管理、"网格化管理"等重点项目，主要领导亲自领办，带头攻坚难点堵点。坚持清单化管理，对照目标要求、结合自身实际、围绕体制机制，坚持"群众提、自己找、上级点、互相帮"，切实把问题找准找全。建立问题清单，制订整改方案，明确整改时间、措施和任务；坚持制度化规范，制订文件清单、制度清单和任务书、时间表，召开区委常委会、工作调度会研究部署工作，创新"日清单—周小结—旬汇报—月整改"的督导办法；坚持示范化引领，在大力推广固庄经验、联村党委模式的基础上，积极培育三都村、程庄村、甄家庄社区等一批"雏雁"党组织，引领全区基层治理体系和治理能力稳步提升。[①]

[①] 作者于2022年6月在阳泉市郊区调研所得资料。

以郊区河底镇山底村党委为例。自抓党建促基层治理能力提升专项行动开展以来，郊区河底镇山底村党委以发展壮大村级集体经济作为重要抓手，结合村产业发展单一薄弱的情况，聚焦老牌企业，盘活闲置资产，以激活"山塔牌"鞋厂为契机，全面助力集体经济发展。

第一，选优配强"三支队伍"，把好"班子建设关"。一是选优配强"领头雁"。借换届契机，选任8名政治素养好、实干意识好、群众口碑好的"三好"人才进入"两委"班子，开展走访调研、实地考察和培训学习，充分发挥党建在发展壮大村级集体经济中的引领作用。二是打造高质量党员队伍。坚持"三会一课"制度，采取理论实践两统一、实地远程双开展、线上线下相结合的形式，定期组织全体党员开展学习活动，不断提高党员的理论水平和自身素养。三是发展壮大志愿者队伍。深化"主题党日"活动制度，组建党员志愿者服务队1支、妇女群众志愿者队伍1支、新时代文明实践志愿者35人、网格员队伍成员12人，推行党员结对认亲帮扶、我为群众办实事等活动，构建和谐干群关系，为集体经济发展聚民智。

第二，聚力打赢"三场战役"，把好"生态宜居关"。一是打响改厕攻坚战。2021年山底村改造通风改良式厕所210座，工程质量高，改造效果好，受到了群众认可。计划2023年卫生厕所百分百覆盖。二是打好防污持久战。对接老窑水治理项目，完成河道清淤、河流漂浮物清理等工作，同时计划新建一座污水处理设施，全面提升村内污水治理能力。三是打赢村容保卫战。以"六乱"综合整治行动为契机，全面清理乱搭乱建、乱堆乱放等现象，村庄街巷整洁，垃圾不落地政策深入人心，村庄面貌整体达到道路硬化、路灯亮化、村庄绿化、环境净化、村容美化"五化"要求。

第三，因势利导"三大模式"，把好"精准施策关"。一是以地生财模式，修建北山农业综合示范田。村干部带头对北山

400亩荒废农田开展除草开荒、平整土地，全面探索晋东地区丘陵地带适宜有机旱作农业的品种及耕作方式，从传统农耕向机械化耕作转变，通过"企业+基地"的模式延长产业链，提升农产品附加值，实现与现代农业的有效衔接。2021年全村共计完成高标准农田建设610亩，计划3年内完成千亩示范田。二是资产盘活模式，翻修山底村原纺织机械配件厂院，投资1200万元建设冷链食品加工项目，食品加工厂占地18亩、总建筑面积12000平方米，利用本地农产品资源优势与山东明达食品加工有限公司达成全面供销合作关系，预计年产值700万元，村集体实现净利润100万元。三是产业带动模式，转型升级山塔鞋业有限公司。基于山塔鞋业有限公司原有的企业文化、成熟的生产链、优秀的畅销历史、广泛的用户基础，积极探索"村集体+公司/专业合作社+农户"的模式，在原有基础上创新打造新型产业链，使"山塔牌"系列产品重获新生，在壮大集体经济中释放更多"活力"。[1]

同时，阳泉郊区抓住村（社）换届的有利契机，围绕"选出好头雁、配出好班子"目标，高质量完成85个村、14个社区的"两委"换届选举，实现了主干"一肩挑"比例、年轻干部、女性干部、学历层次4个提升，"两委"职数、平均年龄、违规违纪、矛盾问题4个下降的"四升四降"。[2]

以河底镇和西南舁乡为例。（1）河底镇在2021年顺利完成"两委"换届工作的基础上，持续推进抓党建促基层治理能力提升工作，并先后推出固庄村"五个坚持"、程庄村"一强五清双提升"、中佐村"三个三"、燕龛村"一网覆盖，两管三增"、山底村"二道关口"、北庄村"三化模式"等18个典型案例，确保工作跟上节奏、迈开步伐。2021年支村"两委"换届工

---

[1] 作者于2022年6月在阳泉市郊区河底镇调研所得资料。
[2] 作者于2022年6月在阳泉市郊区调研所得资料。

作，镇党委高度重视，第一时间成立专班，层层压实主体责任，紧抓"保留一批、发现一批、谈心一批"工作法，严把"选人关""用人关"。新一届党组织班子106人，村委职数81人，交叉数37人，"两委"班子成员共计150人。24名村党组织书记：平均年龄44岁，较换届前的54岁下降10岁；35岁以下6人，占比25%；45周岁以下13人，占比54.2%；大专及以上学历15人（其中，全日制本科4人），占比62.5%。村"两委"班子成员141人：平均年龄43.6岁，较换届前的51.3岁下降7.7岁；35岁以下34人，占比24.1%，达到了每村至少1名35岁以下年轻干部的要求；45岁以下72人，占比51.1%。大专及以上学历56人（其中，本科21人，研究生1人），占比39.7%，达到了每村至少有1名大专及以上学历的"两委"班子成员要求。实现了年龄降下来、学历升上去的目标，真正选出了好干部、配出了好班子。[①]（2）西南舁乡共有基层党组织41个，其中基层党委1个、党总支8个、党支部32个。党员789人，党员年龄主要分布在50—60岁（共241人），占比达30.54%；文化程度以初中为主（共322人），占比达40.81%；入党时间在10年及以上党员678人，占85.9%，近三年发展党员28人。村支"两委"党员干部共计80人。2021年10月6日开始至2021年11月2日结束，西南舁乡严格按照"4321"工作法，有序推进村"两委"换届选举工作，坚持入户听声、择优选人、矛盾化解、教育引导四个先行，坚持挂图作战、比拼晾晒、推盘复演三项机制，坚持合成作战、十个严禁两大抓手，坚持一套标准，圆满完成村"两委"换届选举工作任务。西南舁乡共选出新一届村"两委"成员80人，其中支部委员50人，村委成员48人，交叉任职18人。新选出的村"两委"成员实现"三升一降一优化"特点，即学历大幅提升、年轻干部比例提升、女

[①] 作者于2022年6月在阳泉市郊区河底镇调研所得资料。

性干部比例提升、平均年龄下降、村"两委"班子结构进一步优化。①

三 加强权力约束和构建追责制度

阳泉郊区以法治为基础，以制度治党，加强权力约束，推动基层治理规范化。一是构建权力监督机制。以全面从严治党为原则，从加强党员干部教育做起，严把党员思想关，从源头上遏制党员干部权力滥用；完善社会监督渠道，提升人民群众参与党员干部监督积极性，既要充分利用信访举报等传统监督渠道，也要借助新媒体构建党员监督微平台，实现对权力的全方位监管。二是全面落实责任追究制度。以监督执纪四种形态为基础，对基层治理中责任履行不到位的党员干部给予谈话提醒、批评教育、通报批评，严重的应交由司法机关处理。下面以区纪委监委自身组织建设及工作中心任务说明。

第一，坚持把党组织班子与队伍建设作为党建工作的首要任务来抓，强化支部建设。一是配齐配强党员队伍。积极推动区纪委监委党总支及党支部严格按照《中国共产党支部工作条例（试行）》各项规定，圆满完成换届任务。党总支现由7名委员和1名党务联络员组成，下设6个支部委员会，有在职党员65人、退休党员17人，每个支部均安排1名熟悉政策、精通业务的专职党务工作者。二是做好新纳党员工作。严格按照《中国共产党章程》《中国共产党发展党员工作细则》要求，切实做足发展党员5大步25小步的程序，坚持把政治标准放在首位，做实教育培训和政治审查等工作，从源头上确保党员队伍质量，打造先进"啄木鸟"护林队伍，2022年上半年，培养入党申请人4人，入党积极分子4名，发展预备党员2名，完成预备党员转正2名。

---

① 作者于2022年6月在阳泉市郊区西南舁乡调研所得资料。

第二,巩固拓展作风建设,切实为群众办实事。一是完善纪检监察干部联系群众制度。通过党组织、工会、妇联等渠道,打造纪检监察机关"职工之家""妇女之家",广泛开展社会主义劳动竞赛、"青年志愿者""巾帼建功"等创先争优活动。二是针对群众"急难愁盼"具体问题开展调研。例如,针对路灯覆盖不全、就业培训欠缺等,纪委党员干部到村里文化广场、居民区进行现场走访,研究解决具体问题工作,同乡党委主要负责人和村干部交流具体方案。三是立足本职工作,为民办实事。其一是重点推进优化营商环境"五清行动"和解决人民群众"急难愁盼"问题"排忧行动"专项整治监督。其二是做实各类专项监督检查。2021年以来,区纪委监委从群众切身利益入手,通过积极推进巩固脱贫攻坚和乡村振兴专项行动、探索开展教育系统"三排查、六整治"专项行动、专项监督全区农村乱占耕地建房问题整治、房屋颁证登记确权清零行动等工作,以各项工作的积极成效,让群众满意。其三是聚焦群众痛点、难点和信访反映集中的问题。深入推进民生领域腐败和作风问题专项整治,扎实开展扫黑除恶常态化专项斗争,开展供销系统腐败问题专项整治工作,有序推进公共停车管理行业贪腐问题专项排查治理,持续整治漠视侵害群众利益问题情况。其四是探索开展干部清正、村事清爽、村民清楚、干群清和、乡风清朴的清廉乡村标准化建设试点工作。确定了"创清廉乡村、促基层治理、助乡村振兴"的工作主基调,探索形成了"两清单双闭环""交账大会兑现""道德超市积分兑换"等经验和做法,为深化农村基层治理,持续巩固农村风清气正的政治生态,顺利实施乡村振兴战略,推进"清廉阳泉"奠定坚实基础。[①]

第三,探索"两高三题"工作机制,打造"啄木鸟"式过硬铁军。近年来,郊区纪委监委立足纪检监察工作实际,聚焦

[①] 作者于2022年6月在阳泉市郊区调研所得资料。

监督执纪主责主业，围绕教育、惩处、监督、保护四大职能作用，从纪检监察干部忠诚、干净、担当的行为规范入手，以"心悬利剑、敢于亮剑"为主题，拓宽党建工作新路径，探索"两高三题"工作机制，打造"啄木鸟"式过硬铁军和高质量党建品牌，促进纪检监察干部在服务大局中凝神聚力，在聚焦主业中实干担当。

高站位，紧扣中心促融合。坚持党建与业务工作联动，紧扣中央和省区市重大部署，与中心工作共同谋划同安排同推进。做到重要文件同学习、重要问题同研究、重要工作同安排、党建业务同协调、规划计划同制定，特别是将党员干部党性培养、锻炼融入业务工作，充分发挥党员干部的先锋模范作用，切实做到党建与业务工作相融合。

高标准，培育队伍强服务。组建由全体党员和青年纪检监察干部组成的"啄木鸟"志愿服务队，完善志愿服务队组织架构和制度建设。同时，严把发展党员"入口关"，把政治标准放在首位，严格发展党员工作程序，打造忠诚干净、担当作为、敢于监督、自身过硬的党内守林护林"啄木鸟"。

蹄疾步稳，答好"必答题"。抓实党员管理，全面落实"三会一课"等制度规范，实施"智慧党建"工程，用好"三晋先锋""志愿云"等平台，抓实述职评议考核，通过奖优罚劣的方式提升党员参与党内活动的积极性，形成党员教育、管理和监督的长效机制。加大学习力度，采取网络自学和集体培训相结合的方式，开展"学思践悟·岗位练兵"培训系列活动，共组织培训48次，涉及重点内容62个。

稳慎有序，答好"重点题"。建设廉洁机关，练"铁掌"。深入开展党风廉政宣传教育月和"以案促改"工作，参加职务犯罪庭审，开展"全覆盖"家访等活动，全面实施党规党纪、廉政警示、家风政德三项教育，强化党员干部纪律意识与规矩意识。强化工作覆盖，布"铁网"。牢固树立"审查调查、巡察工作开展到哪里、党组织建设就覆盖到哪里"的工作理念,成立审查调查临时党支部,填补长期在外党员教育管理的薄弱环节。服务人民群众,壮"铁骨"。结合党史学习教育"我为群众办实事"实践活动,开展房屋产权登记确权颁证清零行动、"排忧行动"专项整治监督等,聚焦教育、能源、医疗等领域,切实解决群众"急难愁盼"问题。打造清廉乡村,铸"铁魂"。探索开展了"清廉乡村"标准化建设试点工作,制作《清廉乡村》宣传片,打造"清廉庭院"文化阵地,承办"清廉乡村"建设观摩会暨全市"清廉乡村"建设部署会,相关经验在省、市媒体进行了报道。

积极进取,答好"加分题"。丰富主题党日载体,通过走访慰问患病党员、养老院献爱心展演、开展绿色公益环保活动、进行"警钟长鸣"业务宣讲等"增温"活动,让"啄木鸟"暖人心、聚人气。开展党员志愿活动,围绕环境清理、品牌宣传、困难帮扶等方面开展"战疫情、添新绿""清洁卫生,健康同行"等"啄木鸟"品牌系列党群志愿服务队活动,发挥政策宣传、爱心帮扶生力军作用,以新姿态展现新作为。[①]

四 建立党员管理标准体系

近年来,阳泉郊区结合自身实际,推行党员积分管理机制,取得了很好的成效。所谓党员积分管理机制,即通过建立量化的衡量党员先进性的管理标准体系和考核评价体系,以此促进广大党员更好地履行党员义务、发挥先锋模范作用。荫营镇以"科学分层赋分""安全网格"管理模式作为细化党建责任分解的具体措施,以积分制量化评价体系问责追责,通过"正向激励、反向约束"的反馈督导和问题整改方式,建立党建责任体系的闭环管理机制。

---

① 作者于2022年6月在阳泉市郊区调研所得资料。

第一，加强组织领导，落实主体责任。开辟党员管理的新路径，把全面从严治党要求有效落实到每个支部、每名党员。要求各基层党组织高度重视，加强领导，精细组织，把开展党员积分管理工作作为落实全面从严治党要求的重要举措、作为加强党员日常教育管理的重要手段，明确工作措施，安排专人负责，强化宣传教育。机关党委作为机关党建的专责机构，应做好顶层设计，加强调查研究，不搞"一刀切"，鼓励个性化。对基层好的做法和经验，要及时总结推广，对于运行中的体制机制问题，要做好制度优化，要持续加大宣传力度，营造浓厚工作氛围。

第二，优化积分体系，合理设置内容。将党员的具体行为转化为可量化、可执行、可操作的标准，把积分管理工作落到实处。各基层党组织根据具体工作予以细化，既关注共性，又兼顾差异性，同时考虑积分的可对比性，给予党支部或党小组一定的自主设计空间，使广大党员都有发挥作用和能力的渠道。党员积分根据常规工作，加分项的难易程度以及先锋作用发挥程度合理设置分值，充分考虑分值的上限和下限，横向纵向比较最大值和最小值，确保相对公平。与此同时，将党员积分与中心工作有机结合。各基层党组织在设置党员积分考核指标时，将年度重点工作以项目制形式有机嵌入积分指标考核，充分运用积分制度鼓励党员发挥先锋模范作用，促进中心工作有效完成。加强流程管控，规范运行机制。清晰的制度执行流程对于党员积分管理的落地至关重要。简单清晰的积分表、政治过硬专人"算分"、党员积分信息档案、积分管理各环节的责任分解等手段，促进了积分制度的高效率运转。

第三，让过程更透明。在一定范围、一定时期定期公开党员积分评定情况，接受党员、群众监督。切实保障党员、群众的知情权、参与权和监督权，确保此项工作的透明和公平。

第四，突出正向激励，强化结果运用。党员积分制管理的落脚点在于结果的实际运用，积分算出来之后，与党支部标准化规范化建设结合起来、与解决机关党建"灯下黑""两张皮"结合起来、与建设高素质专业化的党务干部队伍结合起来，不断完善各项工作机制，推动党员管理由"虚"向"实"迈进。

下面以荫营镇党员积分管理"1+2+1"工作矩阵为例，进一步说明党员管理积分制的实际运作效果。

荫营镇的所谓"1+2+1"工作矩阵党员管理模式，使党员日常管理指标量化可统计、具体可比较、有形看得见、规范易操作，实现了党员考核"过程真评、结果真用"的目的。实现党员评价的科学化、规范化和精细化，促进了党员作用发挥。通过党员积分模式的实施，有效激发了党建活力，使党建工作与中心工作全面有机融合，加强机制间的融合互促和支撑互补，确保党员积分管理制度能长期稳定运行并取得实效，推动党建责任和压力层层传递、层层压实，促进党建工作与中心工作同向聚合、相融并进。

郊区荫营镇党委下辖45个基层党组织，党员2552名。全镇60岁以上党员1150人，占党员总数的45.06%。近年来，各基层党支部因外出学习、务工、居住等原因产生的流动党员数量也在不断增加。全镇呈现基层党组织数量多、党员人数多、年老党员多、流动党员多的"四多"特点。如何进一步筑牢基层党组织战斗堡垒，充分发挥党员先锋模范作用，特别是科学有效管理年老党员和流动党员，使其组织生活正常化，成为镇党委和各基层党组织急需解决的难题。针对上述问题，荫营镇着重细化党员分类、科学分层赋分、完善配套制度，积极探索党员积分制管理"荫营模式"。

荫营镇以"完善配套制度、强化党员管理、量化积分考核、促进党员担当"为主线，制定了《荫营镇党员积分管理指导意见》"1"个指导意见，配套《荫营镇流动党员管理办法》《荫营镇不合格等次党员提醒谈话和处置办法》"2"个办法，发放

《荫营镇流动党员登记卡》"1"张登记卡,形成了覆盖各类党员、贯穿管理全程的"1+2+1"党员积分管理工作矩阵,重点从以下四个方面开展工作。

(1)细化"三层五类型"党员分类,探索科学基础赋分路径。在《阳泉市郊区农村(社区)党员积分制管理办法(试行)》的基础上,荫营镇紧密结合党员年龄结构和构成情况特点,在充分讨论的基础上,细化党员分类分层基础赋分细则,根据党员行业、年龄、身体状况和工作特点,以党组织为单位,对党员进行"3+5"分层分类。将党员分为村(社)"两委"党员、70岁以下党员(不含70岁)、70岁以上党员三个层次,分别赋予15分、20分、25分三个分值作为基础积分。此外,还依据不同党员类型分为村(社)"两委"及后勤等在职党员、农村(社区)党员、预备党员、流动党员和老党员五种类型,分别对基础分值做相应调整。对于因身体原因或其他特殊原因,确实不能参加积分管理的党员,建立无法参加党员积分管理审批备案制度,由党支部审批、党员会讨论后,可不参加积分管理。"三层五类型"党员分层分类及不能参加积分管理党员备案兜底,实现了全镇党员积分管理底数清晰、分类细致、赋分合理,成为党员积分管理有效开展的基础。

(2)明确"三类两方面"积分项目,探索规范日常积分路径。为使党员积分管理落实落地,进一步量化考核细则,特别是将党员管理融入日常生活,规范党员参加组织生活,促进党员发挥先锋模范作用,荫营镇制订了《党员日常行为积分项目》,涉及三大类和两方面。日常行为积分项目分为"遵守党章党纪类、密切联系群众类、发挥示范引领作用类"任务分值和"突出贡献方面、奖励表彰方面"奖励分值。对党员参加"三会一课"、缴纳党费、开展网格化管理、宣传党的方针政策、化解邻里纠纷、参与志愿服务等日常行为进行科学赋分。同时,将积分建档立卡,为参与积分管理党员设立《党员日常行为积分登记卡》，在村（社）党组织监督下进行积分。严格落实积分"月度公示、季度排名、年度评定"，结合党员民主评议结果，把党员年度积分作为党员党性定期分析、处置不合格党员、评先评优表彰和选拔考核干部的重要依据，按照得分情况，划分为优秀党员、合格党员、警示党员和不合格党员四个等次，建立完善的奖惩制度。

（3）配套"一卡一办法"管理制度，探索流动党员管理路径。针对荫营镇流动党员数量多的特点，在《荫营镇党员积分管理指导意见》的基础上，配套制定了《荫营镇流动党员管理办法》五章十五条内容，细化对流动党员的管理措施。进一步加强对流动党员身份确定、参加组织生活、按时缴纳党费等方面的管理。村（社）党组织根据实际情况，集体研究确定流动党员身份，为流动党员发放《荫营镇流动党员登记卡》，并督促流动党员主动向流入地党组织报到，鼓励流动党员充分发挥自身在外工作学习优势，积极在招商引资、扶贫帮困、村级发展等方面贡献力量。

（4）划定"十红线一底线"处置办法，探索不合格党员处置路径。为使党员年度积分结果运用更加全面，在正向激励的基础上，还对反向约束进行了探索。一方面划定党员积分管理"十条红线"，对触犯"十条红线"的党员，积分直接清零。另一方面制定《荫营镇不合格等次党员提醒约谈及处置办法》。对于季度积分排名在后15%的党员进行提醒约谈，对于年度积分60分以下不合格等次党员，由党支部重点提醒约谈，共分"首次约谈、教育约谈、限期整改、通报批评、劝退除名"五个步骤，旨在通过不断教育督促，使排名较差党员积极整改，实现转变。对于确不整改党员，依规做出相应处置。

荫营镇"1+2+1"党员积分管理落到实处，取得了明显成效。

（1）进一步明确了"管理谁"。通过推行党员积分制管理，各村（社）党组织对本组织管辖的党员进行了一次大摸底、大研判、大分类，在集体研究的基础上决定了参与积分的党员范围，也厘清了流动党员的底数。有效解决了之前因党员人数多、年老党员多、流动党员多形成的党员管理"糊涂账"，符合条件的党员全部纳入积分管理范围，"管理谁"变得更加清晰。

（2）进一步明确了"怎么管"。以往，对村（社）党员的评价怎么算"好"，如何做"好"较为模糊，对于村（社）党组织来说，如何评判党员的表现也大多靠"感受"和"印象"。通过制定《党员日常行为积分项目》，党员的日常行为被进一步量化，党员日常行为管理变得有章可循，相应的赋分激励和减分清零，也增强了广大党员争先争优意识，与网格化管理服务结合后，进一步促进了村（社）党员发挥作用，解决了基层党组织不知道"管什么""怎么管"的问题。

（3）进一步明确了"咋考评"。党员积分制管理的推广实施，是科学化村（社）党员管理的有效抓手，改变了村（社）党组织党员评价手段单一、对党员约束能力弱、组织程序意识不强、疏于日常管理、年中考定优劣、评价结果难以服众的现状。党员积分成为划分优秀党员、合格党员、警示党员和不合格党员等次的重要依据，党员积分与结果运用相结合，使党员评价更加客观、公正。

"一个指导意见、两项配套措施、一张登记卡"构成了荫营镇党员积分管理"1+2+1"工作矩阵，对于一个拥有2552名党员的大镇，深化党员积分管理探索意义深远。一是党的基层组织，要做凝心聚力的"吸铁石"。基层组织是党执政的大厦之基，不论党员数量的多少，党员构成的情况，只要村（社）党组织始终具有强有力的凝聚力，就能广泛团结各类党员，参与基层治理和村（社）建设。二是基层党员干部，要做服务群众的"桥头堡"。增强基层党组织对群众的吸引力、凝聚力，服务是唯一路径。实施党员积分管理，推动党建+区域网格化建设，都是为了鼓励普通党员参与服务群众的工作，进一步延伸服务群众的触角。三是提升治理能力，才能织密幸福生活的"安全网"。面对新挑战与新机遇，只有不断适应新形势新要求，以党建为引领促进基层治理能力提升，才能有效化解各类矛盾、防范各类风险，为群众织密幸福生活的"安全网"。①

第三节　完善党建引领的社会参与制度

党建引领的社会参与制度之关键，在于走"群众路线"，即"一切为了群众，一切依靠群众，从群众中来，到群众中去"的群众路线。但如何做好利益代表，如何做好利益整合，如何处理好与代表民众具体利益的各种机构团体的关系。这三个问题是对党建引领基层治理的严峻考验，也是加强基层政权治理能力建设的重要动力。因此，新时代群众路线要解决的治理问题，一个是因利益分配机制的多元化可能产生的"脱离群众"问题，这个问题的紧张会直接导致政治动员能力的弱化；另一个是党政组织科层化带来的官僚主义问题，这个问题的紧张会直接导致政治认同下降。

改革开放以来，人们的生存机构、生产结构和社会联系方式都发生了巨变，从过去的单位社会进入现在的公共社会，体制内的人员在减少，体制外的人员在不断增加，一方面，社会异质化。分工分化，利益多元化，价值多样化，那么，如何把分散的、利益分化的个体和群体整合进国家规范化、制度化的管理体系当中，这是党和政府迫切需要回应的一个现实治理问题。但另一方面的现实是，政治参与不够，参与渠道不畅，这其中包括人大和政协这类"代议机构"的"汇集民意、反映民意"的作用发挥得不够，以至于集中于社会分歧、社会对立与

---

① 作者于2022年6月在阳泉市郊区荫营镇调研所得资料。

社会冲突的大量群众意见不能进入党和政府的决策过程当中。

阳泉郊区充分发挥代议机构的政治功能，让人大和政协真正地"运转起来"，尤其要反映民意、整合民意并将其纳入党和政府的决策过程当中，真正做到"以人民为中心"，加强人民群众的政治认同和维护社会秩序稳定，这是阳泉郊区党建引领基层治理实践非常具活力、效率的创新举措之一。

一 发挥人大的民意代表功能，让群众意见进入决策过程

2021年，在区委的坚强领导下，区人大常委会立足"四个机关"职能新定位、新目标、新抓手，系统推进人大各项工作，确保中央和省委、市委、区委各项决策部署落地落实，促进全区经济社会高质量发展，推动全过程人民民主郊区实践。

第一，坚持党的领导，建设忠诚担当的政治机关。坚持党的全面领导是实行人民代表大会制度、做好人大工作的最高政治原则和根本政治保证。区人大常委会始终坚持以习近平新时代中国特色社会主义思想统揽和指导人大工作，增强"四个意识"、坚定"四个自信"、做到"两个维护"，自觉在思想上政治上行动上同以习近平同志为核心的党中央保持高度一致，坚定不移走党领导的、人民广泛参与和享有的民主政治发展道路，确保人民代表大会制度和人大工作始终沿着正确的政治方向前进。

区人大常委会坚持党的全面领导，紧紧围绕党和国家工作大局履职尽责，不断提升人大工作的政治效果。把区委安排部署作为谋划和推进工作的基本出发点，坚持重大问题、重要事项、重要情况及时向区委请示报告，做到区委决策部署到哪里，人大力量就汇聚到哪里，人大工作就跟进到哪里，人大职能作用就发挥到哪里。一是在区委的正确领导下，郊区成功召开十九届人民代表大会第一次会议。通过突出政治标准，注重履职能力，把好人大代表"入口关"，严格执行换届法律法规，把好

操作程序，圆满完成区、乡两级人大换届选举政治任务，顺利选出171名区代表，480名乡镇代表，维护了选举的严肃性和权威性，持续优化了代表结构。二是始终坚持党管干部原则，依法行使人事任免权，任免国家机关工作人员76人次，实现了区委人事安排意图；三是对党委做出重大决策部署的、提出明确要求的，紧紧跟上，依法做出《阳泉经济技术开发区荫营工业园苇泊装备制造起步区基础设施提升PPP项目实施方案》《中央宣传部、司法部关于开展法治宣传教育的第八个五年规划（2021—2025年）》等决定、决议。通过行使重大事项决定权，用人大制度的力量补齐治理体系和治理能力短板，把区委的重大决策部署转变成法定意志，把制度优势转化为治理效能。

区人大常委会坚持以党的创新理论引领人大工作，始终加强党的创新理论武装。充分发挥党组理论学习中心组"头雁"作用，打造党组（扩大）学习会议主阵地，建立起党组全面及时系统学、人大代表聚焦履职学、机关干部融入日常学的制度，坚持以上率下，及时传达学习，不断夯实依法履职的思想政治基础。全面学习贯彻党的十九届六中全会精神，深入学习贯彻习近平总书记在中央人大工作会议上的重要讲话精神，全面落实习近平关于坚持和完善人民代表大会制度的重要思想、习近平法治思想、习近平总书记关于全过程人民民主重要论述，筑牢做好新时代人大工作的思想政治基础。学习贯彻省第十二次党代会精神、市第十三次党代会精神和区第十次党代会精神，把坚持党的领导、人民当家作主、依法治国贯穿于工作实践，增强坚持和完善人民代表大会制度的自觉性和坚定性，丰富和拓展人大工作的实践特色、时代特色。

第二，服务中心工作，建设人民至上的权力机关。区人大常委会把发展全过程人民民主与保证人民当家作主的根本职责联系起来，坚持围绕中心、突出重点，强化对"一府一委两院"的监督，寓支持于监督之中，找准工作切口，发挥好职能作用，系统推进人大监督工作，提升监督实效。

履行监督职责，增强监督刚性。区人大常委会坚持把宪法赋予人大的监督权用起来，实行正确监督、有效监督、依法监督。一是强化人大预算决算审查监督职能，先后听取并审议区政府关于2020年郊区财政预算执行和其他财政收支审计工作报告、2021年1—6月份全区预算执行情况的报告。坚持完善人大预算审查批准制度，深化人大预算审查监督重点向支出预算和政策拓展改革，加强全口径审查和全过程监管，强化对重点专项资金、重大投资项目、预算绩效等的审查监督，深入推进预算联网监督工作。二是加强对国民经济和社会发展规划计划的审查，听取并审议2021年1—8月份国民经济和社会发展计划执行情况的报告，强化对规划、计划执行情况跟踪监督。三是加强国有资产管理情况监督，听取并审议区政府关于全区国有资产管理情况的报告，建立全覆盖的国有资产管理情况报告制度。

抓好专项监督，推动重点工作。区人大常委会完整准确全面贯彻新发展理念、构建新发展格局、推动高质量发展新要求，紧紧聚焦"六区"建设，强化对区委重大决策部署、全区重大项目落实情况的跟踪监督，加强对事关大局的重大民生关切的重点监督，加强对重大事项决定后的跟踪监督。常委会先后听取和审议了区政府关于医疗保障、文化和旅游、住房和城乡建设、高中教育、乡村振兴、工业园区建设等工作情况的报告，充分发挥人大监督职能，切实促进难题化解，确保重点项目按时有序推进。12月，区人大常委会对部分任命人员的履职情况进行了评议，特别对招商引资和疫情防控工作提出监督意见，推动重点工作落实。

强化执法检查，推进全民守法。区人大常委会紧扣法律规定，突出法律责任，开展《中华人民共和国就业促进法》专项执法检查，逐条对照法律职责是否落实、法律执行效果是否明显，回应群众培训就业关切，强化政府各方面依法履职。加强对司法工作的监督，先后对区人民法院人民法庭工作情况、检察院落实认罪认罚从宽制度工作情况进行视察检查。督促法检两院深入贯彻习近平法治思想，关注群众需求，凝聚工作合力，积极推动案件高效优质办理，进一步节约司法资源，建设矛盾纠纷多元化解机制。开展对"七五"全民普法工作的监督，审议并通过"八五"法制宣传教育的决议，推进普法工作落实落细，持续提高公民法治意识，实现普法与依法治理深度融合。

强化监督检查，提升监督实效。区人大常委会高度重视常委会审议意见的落实，各专委会把视察调研和会议审议中的意见建议全面梳理总结，形成高质量的审议意见，以正式文件交由政府部门办理。明确要求政府及相关职能部门要召开专题会议，研究落实措施，并向常委会书面报告整改落实情况，区人大常委会适时开展回头看，检验整改落实的效果，确保审议意见转化为工作成效。2021年，区审计局、区财政局、区医疗保障局、区教育局、区发改局分别书面报告了审议意见整改落实情况，共整改问题16个。当年12月，区人大组织了对采煤沉陷区治理、G239沿线廊带打造、提升耐火产业、全民技能提升、职业教育、社区养老、人居环境整治等8件事关郊区经济发展全局与民生实事的重点意见建议开展了重点测评，测评结果上报区委向区政府通报，纳入承办单位年度考核指标，强化了代表后续建议的落地落实，推动人大职能作用更有力度、更有深度、更有成效、更有口碑。

第三，依法履职尽责，建设紧贴民心的工作机关。全面落实从严治党主体责任。区人大常委会深入贯彻《党委（党组）落实全面从严治党主体责任规定》，不断提高政治判断力、政治领悟力、政治执行力，发挥好把方向、管大局、保落实的领导作用，把坚持党的领导贯彻落实到人大的各项工作中。全面推进常委会及机关的思想建设、组织建设、作风建设、纪律建设、制度建设。不断健全完善常委会议事规则和机关各项规章制度，坚持按照程序依法依规办事，不断提升人大工作制度化、程序化、规范化水平。人大代表、常委会组成人员、专门委员会组成人员、人大机关干部旗帜鲜明讲政治，坚定政治立场，提升政治能力，严守政治纪律和政治规矩，做维护党中央权威和集中统一领导的表率。

围绕中心服务发展大局。区人大常委会牢固树立"一盘棋"思想，主任、副主任在打造市民休闲旅游后花园工作、现代物流产业板块产业链、G239改线工程、生态新城建设、水务一体化项目建设、西南昇乡"北七村"乡村振兴示范区建设，国道307、207绕城改线工程建设，燕龛沟人居环境示范区建设，中机磁机电产业园项目等区党代会，区"两会"任务工作专班中担任职务，坚持做到知责于心、担责于身、履责于行，为工程顺利推进发挥了重要作用。人大机关工作人员积极参与新冠疫情防控、农村"两委"换届、乡村振兴、防火防汛、信访维稳等全区重点工作，一线奋战，主动担当，为推动郊区转型出雏形和高质量发展履职尽责。

扎实开展好党史学习教育。区人大常委会把党史学习教育作为2022年党建工作、督查工作的重要内容，压紧压实责任，力戒形式主义，防止浅尝辄止，务求取得实效。区人大丰富学习教育形式，围绕党史学习教育组织机关干部开展了特色鲜明、灵活多样的学习活动。如开展了以"学党史、知党情、感党恩、跟党走"为主题的"六个一"系列活动：开展党史专题学习8次，重温党的历史；组织"亮身份、见选民、听民声、提建议"活动，为代表进站做表率；举行"参观重点工程、支持郊区发展"观摩座谈会，积极为郊区发展建言献策；讲了一堂"七一"专题党课，深刻感悟伟大建党精神；组织编排《烈士的家书》情景剧，参加"庆祝建党100周年"系列活动，展现人大机关风采。深入开展"我为群众办实事"活动，把学习教育成果转化为推进工作的动力和成效，主动为民干实事、解难事，脚踏实地书写为民情怀。

保持同人民群众密切联系。区人大常委会坚持以人民为中心的发展理念,紧盯人民群众"急难愁盼"的问题,完善人大的民主民意表达平台和机制,使人大各项工作建立在坚实的民意基础之上。换届以来,区人大审查批准计划预算、讨论决定重大事项,都通过调研、座谈、论证、听证、协商等方式广泛征求和充分听取各方面意见,依法维护人民权益、增进人民福祉。常委会先后组织开展了集中供热、医疗保障、文化旅游、住房建设、计划执行、高中教育等工作视察调研,到万达广场施工现场、荫营镇卫生院、苇泊工业园区、江龙蛋鸡养殖场等20余个联系点进行实地视察调研,多方位、多角度、多层面了解相关工作开展情况。通过最大限度吸纳民意、汇聚民智,总结可借鉴的经验做法,确保区委在决策、执行、监督、落实各个环节都能听到来自人民的声音。

第四,发挥主体作用,建设凝聚人心的代表机关。区人大常委会充分发挥人大代表作用,带领人大代表站稳政治立场,依法履行职责,忠诚为党分忧,忠实为民履职。通过不断丰富人大代表密切联系人民群众的内容和形式,更好发挥人大接地气、察民情、聚民智、惠民生的作用。

强化代表培训,提升履职能力。坚持尊重代表主体地位,针对换届后新代表占大多数的情况,有序组织新一届常委会组成人员、人大代表开展集中学习培训,强化代表站稳政治立场,支持和保障代表更好依法履职。先后开展了代表的初任培训、乡镇人大主席和人大专职工作人员的业务培训。2021年,区、乡两级人大共组织培训13场次,参训人员780余人次。区人大建立常态化邀请代表列席参加常委会会议和调研视察、执法检查等活动机制,不断扩大代表对常委会、专门委员会工作的参与,拓宽代表知情知政渠道,密切代表同人民群众的联系,提高代表履行职责的能力和水平,展现了新时代人大代表的风采。

规范站点运行，激发基层活力。区人大常委会按照"巩固、充实、增强、提升"的方针，在指导人大代表联络站点建好、管好、用好上下功夫。通过实行班子成员包点联系制度，督促、指导乡镇（中心）联络站点建设和常态化运行工作。进一步完善"15410"三联系制度，坚持实用导向，明确接待主题，科学编组进站，闭环管理意见建议，极大地提高了进站活动的实效。全年活动当中，全区共有各级人大代表590人进站接待选民，接待选民806人，收到意见建议110条，100%实现交办、转办。通过召开全区人大代表联络站点观摩会，树标杆、展样板、明方向、定任务，进一步发挥代表主体作用，激发基层人大工作活力，推动了人大代表联络站点工作高质量发展。区人大加强对乡镇人大工作的联系指导力度，加强人大工作者履职培训，注重区乡人大工作交流研讨，推动人大工作合力不断增强。

倾听群众呼声，推动问题解决。区人大常委会坚持直接联系基层人大代表、人大代表联系人民群众工作制度，把代表最广大人民群众的根本利益作为履职的出发点和落脚点，倾听人民群众的意见和要求，针对人民群众反映的热点难点问题，主动作为，积极履职，推动解决。如河底镇东南沟村因重点工程建设，主要通村公路临时切断，造成村民出行困难，群众到镇、区、市多次上访，没有进展。2021年年初，区人大常委会成员同区人大代表经常进行督促，相关单位多次召开专题会议研究，通过积极与阳大公司协商，终于在11月份硬化通车，彻底解决了村民的出行难问题。区人大常委会成员同人大代表积极争取党委、政府支持，多方联系销售渠道，帮助群众销售价值30万元的蜂蜜，帮助果农销售苹果10万余斤。[1]

二 发挥政协的资政作用

区政协始终坚持党的领导，认真贯彻落实中央和省、市委

---

[1] 作者于2022年6月在阳泉市郊区调研所得资料。

关于加强新时代人民政协党的建设工作的有关要求，以扎实有效的党的组织力建设工作为做好政协工作提供了有力保障。

第一，建立完善党组成员联系党员委员、党员委员联系党外委员制度。为了切实加强政协党的建设，更好地坚持党对政协工作的全面领导，建立政协阳泉市郊区第十届委员会党组成员联系党员委员、党员委员联系党外委员制度，充分发挥党员领导干部和党员委员在政治引领、发扬民主、合作共事、廉洁奉公等方面的表率和模范作用，以"委员之家"为载体，加强党内外委员之间沟通交流，切实做好协调关系、理顺情绪、化解矛盾的工作。2022年，以各乡镇联络组为主体，依托政协联络组在乡镇和有条件的村（社区）、委员单位建设委员之家5个，结合政协主席、副主席联系常委和乡镇联络组、民主党派、专委会负责人，常委和乡镇联络组、民主党派、专委会负责人联系政协委员，政协委员联系各界人士和基层群众的"三环联动"工作机制的落实，采取集体学习、召开组织生活会、调研视察、界别活动、座谈交流、电话微信、上门走访等形式，积极宣传党的路线方针政策，传达区委、区政府重大决策部署、重要会议精神，促进政协委员的政治站位的提高，实现党的组织对党员委员的全覆盖，党的工作对政协委员的全覆盖。

第二，积极推进"有事来商量"平台建设。2021年以来，区政协结合阳泉郊区实际，按照协商为民、协商于民的理念，制定出台《关于推进政协协商向基层延伸的工作方案》，进一步明确职责分工，清晰"有事来商量"活动流程，全面深化了"有事来商量"协商议事平台建设，确保规范有序运行。通过落实"三环联动"充分调动委员履职积极性，引导广大委员在"有事来商量"协商议事活动中充分发挥主体作用。共在6个乡镇和部分村建起"有事来商量"议事室12个，深入开展协商议事活动，解决了合理规划停车位、农村居民养老、义务教育课后托管、人居环境卫生整治等一批群众关切的热点难点问题，截至2022年上半年，共举办"有事来商量"协商议事活动15场次，参与人数100余人次。比如平坦镇"有事来商量"议事室围绕国道207、307绕城改线工程涉及辛兴村失地农民养老保险补偿款分配缴纳问题开展协商议事活动，把调查研究作为开展协商的重要基础，深入实地调研、充分了解情况后，让政协委员、村民骨干、国道207和国道307绕城改线工程代表和"政协智库"成员都参与协商活动，广泛互动、友好交流，形成了畅谈以协、共商议事的良好格局，经过讨论商议，初步确定了补偿分配方案，最后由辛兴村委会经民主程序通过。"有事来商量"协商平台建设成功地将政协履职触角向社区、农村有效延伸，推动了政协协商与基层协商有效衔接，助力破解了基层末梢治理难题，让人民群众共享协商成果，赢得了广大人民群众的点赞好评。

第三，在各乡镇（开发区）政协联络组、各专委会建立党支部。为切实加强政协党的组织建设，贯彻落实中共中央办公厅《关于加强新时代人民政协党的建设工作的若干意见》文件精神，更好坚持党对人民政协工作的全面领导，在各乡镇政协联络组按照党员居住地域相近或相邻的原则建立乡镇政协联络组党支部，按照党员从业相同或相近的原则，在各专委会建立专委会党支部，共在20个政协联络组中设立了11个党小组，党支部运行按照"党组部署、小组运行""党员牵头、小组跟进"的运行体系组织开展各项政协工作。党员的组织关系在原单位保持不变，实行"一方隶属、双重管理"。对党员委员的教育管理考核纳入政协委员履职考评管理。党支部建设是区政协积极探索特色党建的新路子，利于创新推行政协系统党建工作模式，推动融思想、融组织、融活动、融机制，实现党建工作与政协履职工作相融互促。[①]

---

① 作者于2022年6月在阳泉市郊区调研所得资料。

阳泉郊区基层治理创新实践，以党建引领为中心，正确认识基层党组织在基层治理中的地位与作用，多措并举引领基层治理，做好基层党建工作。始终坚持党在基层社会治理中的领导核心地位，发挥好党组织总揽全局、协调各方的作用，充分发挥基层党组织的战斗堡垒作用。概言之，阳泉郊区的治理实践主要集中于如下两个方面。

一个方面，构筑以基层党组织为核心的基层治理多元架构。基层党组织是基层治理的主体，加快基层治理改革，必须坚持基层党组织领导地位，构筑以基层党组织为核心的多元治理架构，重塑基层治理格局。

第一，坚持基层党组织领导地位。要在基层治理中发挥基层党组织的领导作用，推动治理资源优化整合，提升基层治理效率。一是构筑以基层党组织为核心，地方政府具体负责，人民群众积极参与的现代基层治理体系。二是进一步完善基层党组织建设，优化领导班子设置，培养一支能治理、善治理的工作队伍；从群众中吸收一批高素质、高觉悟的人才，提高基层党组织整体梯队水平。三是提升基层党组织公信力，既要发挥自身领导力和引领作用，也要将为人民服务理念落实到治理行动中，从人民群众最为关注的医疗、教育、食品安全等问题入手，不断提升服务能力；要为民务实担当，加强廉政建设，坚决惩处腐败行为，不断改善组织形象。

第二，畅通群众参与基层治理渠道。推动人民群众参与基层治理，拓宽自治范围，完善自治功能，是解决基层治理顽疾的重要手段，也是基层治理发展的结果。一是确保人民群众在基层治理中的权益，引导人民群众积极参与公共服务，降低基层治理成本。例如，基层党组织可以与地方乡贤组织、公益组织等社会组织开展合作，明确其治理权利与范围，引导和鼓励他们参与治理，为人民群众提供更加便捷的服务。二是坚持走群众路线，强化群众路线在基层治理公共服务中的应用，推动治理资源优化整合，发挥群众在社会监督中的作用。

第三，合理引导和约束人民群众参与基层治理的行为。基层党组织既要走群众路线，集合人民群众在基层治理中的力量，也要通过法律、道德约束群众在基层治理中的行为，实现基层治理的科学化与规范化。实际上，坚持走群众路线、发动人民群众参与基层治理，是党组织的基本经验和政治优势，二者都是为了提升基层治理效率、增强群众满意度和幸福感。在基层治理实际中，要以马克思主义的科学发展观与方法论为指导，充分发挥群众力量，合理引导和约束群众行为，优化基层社会治理结构，为人民群众生活质量提升做好管理与服务。

另一个方面，提升基层党组织治理水平。基层党组织作为基层治理的重要主体，其治理水平直接关系到基层治理的巩固与发展，因此，提升基层党组织治理水平已经成为基层社会治理的重要方面。

第一，提升基层党组织服务能力。立党为公、执政为民是我们党的执政理念，基层党组织要将全心全意为人民服务宗旨落实到基层治理各环节各方面，不断加强服务型党组织建设，全方位提升组织服务能力。一是全面深化对基层治理的认知。领导班子成员要深入群众，了解他们的生产生活，认真思考、对待和处理与群众密切相关的社会现象、问题和矛盾，提升开展群众工作与应对社会问题能力，切实维护基层稳定与社会和谐。二是正确处理基层利益问题。基层矛盾的根源在于不同主体之间的利益冲突，正确处理基层利益问题是避免基层矛盾激化、协调各方关系的根本措施。要构建上通下达的利益表达与反馈机制，用心倾听人民群众的合理诉求，以法律为准绳，以制度为约束，切实维护人民群众的根本利益；要发挥基层党组织在思想政治方面的优势，加强群众利益观教育，引导群众合理表达利益诉求，正确看待利益冲突，避免矛盾激化。

第二，提升基层党组织公共管理与危机管理能力。一是从公共管理入手，加强调研考察，掌握基层公共事务存在的矛盾与核心问题，协调好党组织与政府、社会等多方主体之间的关系，推动资源优化配置，提升公共管理效率，科学统筹基层社会发展。二是坚持以人为本基本原则，构建危机常态化管理机制，结合实际情况妥善做好各种突发事件的应急预案、危机管理和应急处理，提升危机应对能力，避免人民群众生命财产安全受到损害。

第三，加强基层党组织治理队伍建设。工作队伍是基层党组织发挥治理作用的载体，只有培养出一支骨干队伍才能满足基层治理的实际需求。一是进一步强化基层治理队伍法治能力建设。从源头抓起，通过公开招聘、考试等方式，择优录取，选拔德才兼备、政治素养与法治意识过硬的人员进入基层治理队伍；通过加强党员干部教育培训、专业人才引进等方式，提升治理队伍整体法治素养和综合能力。二是构建完善的法治能力管理制度。构建合理的法治能力评价标准，提升法治能力在评价中的权重，使之与党员干部考核制度挂钩，从制度层面上引导治理队伍自觉提升法治能力和水平。

第三章 发挥基层政府的主导作用

基层治理体系和治理能力现代化建设,必须以基层党建为中心,加强基层政权治理能力建设,增强乡镇行政执行、为民服务、议事协商、应急管理和平安建设五种能力。这五种能力涵盖了基层政权治理能力建设的各个方面,是基层政府发挥主导作用的出发点和着力点。

近年来,阳泉郊区发挥基层政府主导作用,坚持以有核心建组织、有主体建队伍、有平台建载体、有规范建程序、有监督建网络这"五有五建"为路径,结合各村实际,全面推行"三关六议两公开""村级权力清单制""'听证+议标'村级招投标制度""党员积分管理+网格化服务""村民积分管理"五项制度,基层治理体系和治理能力现代化水平明显提高。

第一节 加强乡镇行政执行能力

在我国行政区划中,乡镇级政府是最低一级政府,也是最接近基层群众的一级政府。从上往下看,乡镇级主要负责上级政策的落实,其行政执行能力的强弱,直接关系到国家、省、市、县政策能否真正落地,能否真正惠及基层群众。从下往上看,基层群众同政府交往,最直接、最便捷的途径就是通过乡镇政府一级,乡镇机关效能、党员干部作风最直接反映党和政府在群众心中的印象。乡镇行政执行能力是乡镇基层政权治理能力的根本，核心是要实现"人、权、责"相统一，推动基层政权有效治理和长久巩固。

一　加强乡镇党委对基层政权建设的领导

（一）党政合一，分工明确是根本

与国家、省、市、县党委、政府各负其责不同，虽然乡镇一级在权力结构上也分别设立了党委和政府，但党政合一是其最大的特点。镇党委成员，如组织委员、宣传委员等，与镇政府成员，如副镇长等，只在称谓和分工上有所不同，其他如级别、工资待遇等并没有多大差别。在机构设置上，相较于上级部门，大多有所整合。比如，郊区每个乡镇都设有党政综合办公室，由党政综合办公室全面负责乡镇机关运行保障等。

在党政合一模式下，党政班子成员及其他副科级以上干部分工明确，各负其责，为工作的推进和落实提供了有力的制度支撑和组织保障。

郊区李家庄乡党政班子成员分工[①]

党委书记——WHL同志主持党委全面工作。

党委副书记、乡长ZSQ同志主持政府全面工作。

党委副书记WYH同志兼任社会治安综合治理委员会办公室主任，负责党委日常工作，主管基层党建、政法、综治、统战、政协、信访、团委、妇联、民族宗教工作，分管机关日常事务、党风廉政建设、村（社区）党建及科协、工商联、计生协会等方面的工作。对接区委统战部、区委政法委、区司法局、区信访局、区政协、区团委、区妇联、区科协、区工商联、区计生协会。

党委委员、人大主席GHD同志主持人大主席团工作，

[①] 作者于2022年6月在阳泉市郊区李家庄乡调研所得资料。

主管工会工作。对接区人大常委会、区总工会。

书记助理、一级主任科员LSR同志负责全年督查、年底考核、奖惩兑现工作及党委书记安排的其他工作。

乡长助理、一级主任科员DCW同志负责乡村治理在全乡的推广工作，同时主抓全乡乡村治理工作及乡长安排的其他工作。

党委委员、纪委书记HXM同志主管纪检监察工作。协调联系生态新城重点工程指挥部。对接区纪委监委机关、区委巡察办。

党委委员、政府副乡长ZYG同志主管工业经济、招商引资、安全生产、交通、环保、科技等工作，分管财政、机关财务、审计、经发办、统计站、安监站、劳保所。协调联系供电、消防、税务等部门。主抓打击私挖滥采工作。对接区发改局、区科技局、区工信局、区财政局、区人社局、区交通局、区商务局、区应急局、区审计局、区统计局、区能源局、区自然资源局、区医保局、区行政审批局。

党委委员、武装部长LX同志兼任党政综合办公室主任、社会治安综合治理委员会办公室专职副主任，主管武装、民兵、预备役，分管党政办。协助抓好政法、综治工作。对接区人武部、区委办、区政府办。

党委委员、组织委员ZYX同志协助副书记抓好党建、乡村治理等工作，主管组织、宣传、人事、编制、大学生村干部、老干部、干部教育、老促会、关工委等方面的工作，负责机关党支部工作。对接区委组织部、区委宣传部、区委编办。

政府副乡长YJ同志主管农业农村等工作。分管农技站、农机站、林业站、经营办、核算中心、水利站。协调联系国土所、信用社、供销社、兽医站。对接区水利局、区林业局、区自然资源局、区农业农村局。

政府副乡长HQ同志主管城建、"三产"、创卫、乡村清洁等工作，分管城建办、创卫办、爱卫会。对接区住建局、区创卫办、区爱卫办。

政府副乡长KXM同志主管文化、教育、卫生、计生、体育、旅游等方面的工作。分管联校、卫生院、文体站，协调联系市场、计生等部门和阳泉二十中学、玉泉中学、丰华学校等单位。对接区教育局、区文旅局、区卫体局、区市场局、区红十字会。

综合便民服务中心主任WLF同志主管便民服务中心日常工作，主抓农业农村、乡村振兴工作。对接区农业农村局、区行政审批局。

退役军人服务站站长ZRH同志主抓退役军人服务保障工作，同时协助人大主席做好人大、工会等工作。对接区退役军人服务局。

党群服务中心主任WJ同志主抓乡党群服务中心日常工作，分管民政、残联、社区办、敬老院工作。对接区民政局、区残联、区社区办。

（二）机关干部包村制度是基础

"上面千条线，下面一根针。"机关干部在乡领导的带领下，负责一对一或多对一联系包村。包村干部既与领导干部统筹调度不同，又与村干部直接联系群众不同，他们在乡镇、村社之间发挥了很好的桥梁纽带作用。

（三）村党支部书记是关键

乡镇党委要实现对基层政权建设的领导，必须依靠农村党支部书记。随着经济社会发展和乡村振兴需要，对村支书的要求也越来越高、越来越严。

以李家庄乡为例，该乡以优化村（社区）班子结构、选好配强带头人为目标，坚持"六个到位"，做到"三个及时"，确保了村（社区）"两委"换届工作的顺利开展。

一是组织统筹到位。换届把党的领导贯穿始终，由乡党委书记担任村（社区）"两委"换届选举工作领导组组长，党委、政府班子成员全员参与，分析研判，先后召开村级换届专题会议15次，总体部署，全程领导，全程把关。

二是村情掌握到位。乡党委与村（社区）"两委"主干谈话9轮140余人次，与"两委"成员、党员、村（居）民代表、老干部等谈话3轮1200余人次，逐村逐社区开展民主测评1次，做到"五谈四清三定两明确"。"五谈"，即谈主干，把握全局动态；谈"两委"成员，厘清进退流转；谈党员，切准村情民意；谈村民代表，验证组织意图；谈年轻党员，遴选预备人选。"四清"，即摸清现任"两委"成员真心实意，摸清"一肩挑"人选选举存在的实际问题，摸清新一届参选党员面临的选情问题，摸清青年人才的工作、居住及意向等问题。"三定"，即定职数、定结构、定初步人选。"两明确"，就是通过谈话、调研、分析，达到组织意图明确、换届选举任务明确。

三是人员调整到位。在分析研判的基础上，将恒大社区、余积粮沟村的新任主干提前调整到位，将35岁以下的年轻干部下派到桃坡村任书记；同时，对李家庄社区党委、甄家庄社区党总支、冯家庄社区党总支成员进行了部分调整，保证工作平稳开展，有序推进。

四是宣传教育到位。召开村（社区）"两委"换届选举工作动员会、培训会、推进会5次，开展农村干部警示教育、参观警示教育基地2次，及时向党员干部宣传换届相关政策。同时制作音频2个、美篇1篇，印制宣传海报3类56张，张贴区、乡宣传资料400余份，充分利用宣传栏、电子屏、广播音频等形式广泛宣传换届政策、纪律、法规，营造浓厚的宣传氛围。

五是程序步骤到位。乡党委制订《李家庄乡村（社区）党组织换届工作流程和时间安排》及《李家庄乡村（居）委会换届工作流程和时间安排》，统筹时间步调；成立3个指导组和3个考察组，严把方案制订、人选标准、资格审查、选举程序"四个关口"，努力做到履行程序不走样、实施步骤不减少、执行法规不变通。

六是纪律监督到位。开展乡党委书记、纪委书记、组织委员和候选人选前谈话10次，引导候选人正当有序竞选。严格执行换届选举"十严禁"要求，设立举报信箱，公布举报电话，严厉打击拉票贿选等不正当竞选行为。候选人签订换届纪律承诺书，严肃换届纪律，做出竞职、创业、辞职三项承诺，确保换届风清气正。

七是及时防范化解矛盾隐患。细致分析排查矛盾问题，认真做好群众工作，着力解决合理合法的诉求，回应群众关切。加强对"一肩挑""交叉任职"等换届政策的正面宣传引导，防范和打击各类小道消息、负面舆情，营造良好的舆论氛围。

八是及时预判调整村、社区班子结构。根据各村（社区）选情变化，及时召开专题会议，分析村社班子结构，研判村社完成"一肩挑"和其他年龄、学历要求存在的难点、问题，调整村（居）委会班子结构预判，制订应急处置办法，做好应对。

九是及时关心疏导让贤、落选人员。针对主动让贤的村干部，肯定他们的成绩，任命"第一书记"等职务，鼓励他们发挥余热，继续为村社服务；针对落选人员，及时座谈、走访，了解他们的思想动态、真实想法，讲清政策，答疑解惑，稳定情绪。

二　依法赋予乡镇综合管理权、统筹协调权和应急处置权

对于政府而言，"法无授权不可为"，乡镇政府也不例外。如果不对乡镇政府权力加以限制，势必会造成基层权力寻租、权力滥用，继而导致腐败问题的发生。

（一）公布权责清单

如何对权力进行限制，是一个宏大的课题。在基层乡镇，

一般采取公布权责清单的形式，即清单中列明的，政府才有权力施行；没有列明的，一概不得施行。

以西南舁乡为例，该乡权责清单共有75项，其中权力类型分为行政处罚、行政给付、行政奖励、行政强制、行政确认、行政调解等。比如第二项："对擅自在村庄、集镇规划区内的街道、广场、市场和车站等场所修建临时建筑物、构筑物和其他设施的处罚"，该项属于行政处罚，实施依据为《村庄和集镇规划建设管理条例》第四十条。

（二）明确科室职能

虽然权责清单对政府的权力边界进行了限定，但在基层实践中，基层干部群众不可能一一对应着条文去工作。于是，在法律限定之外，乡镇政府一般通过设置工作科室、明确机构职责等方式，对政府权责进行界定，从而加强乡镇党委对基层政权建设的领导。

以河底镇为例，为进一步强化政府效能建设，切实提升为民服务能力和水平，该镇率先践行部门职能划分，成立了"五办""一站""两中心"。"五办"即"党政综合办公室""经济发展办公室""社会事务办公室""规划建设办公室""综合行政执法办公室"；"一站"即"退役军人服务保障工作站"；"两中心"即"党群服务中心""综合便民服务中心"。

三 依法赋予乡镇行政执法权，推进现有执法力量和资源整合

在行政执法方面，乡镇政府没有执法权，其执法一般通过上级执法部门派驻机构实现，这就造成了乡镇政府"看得见，管不着"、上级执法部门"管得着，看不见"的现实困境。为解决这一难题，就需要在乡镇常设一支拥有综合执法权力的机构，配合基层政府，做到既"看得见"又"管得着"。2022年，山西省深入开展"抓党建促基层治理能力提升专项行动"，省委将

乡镇综合行政执法改革列为专项行动重点项目，阳泉市委将其明确为县区"书记工程"，切实加大了推进力度。为推进"一支队伍管执法"乡镇综合行政执法改革，提升基层治理水平和能力，按照省委、市委的统一部署要求，郊区区委紧密结合实际，按照"普专结合、便利执法、快捷高效"的原则，印发了《阳泉郊区一支队伍管执法乡镇综合行政执法改革实施方案（试行）》，明确了队伍建设、职能职责、清单梳理、工作保障等重点任务，细化了完成要求、责任部门、完成时限等，加强统筹协调，压实工作责任，强化保障措施，全方位、立体化推进乡镇综合行政执法改革工作。

一是提高政治站位，强化组织领导。成立了由区委书记、区政府区长担任双组长，组织部部长、政法委书记、区政府各副区长任副组长，相关职能部门为成员的阳泉市郊区"一支队伍管执法"乡镇综合行政执法改革工作领导组，积极统筹全区上下形成合力、推进改革。在此基础上，各乡镇全部对照成立以乡镇党委书记、乡镇长为主要负责人的"双组长"领导机构，组建了工作专班，充实人员力量。区委召开动员部署会议，明确乡镇综合行政执法改革为乡镇"书记工程"，提出了乡镇执法经费列入财政预算、执法车辆区财政统一购置配备等工作难点的解决路径，切实为各项改革措施落地见效奠定了坚实基础。

二是认真梳理清单，赋权赋能乡镇。根据全省深化乡镇机构改革推进基层整合审批服务执法力量工作的统一部署要求，着眼乡镇治理急需的行政执法权限，积极向区直各行政执法部门征集基层管理迫切需要且能有效承接的行政执法权限。省、市"抓党建促基层治理能力提升专项行动"启动之后，进一步对委托下放事项进行梳理，形成《阳泉市郊区部门委托乡镇行政执法事项指导目录》，确定委托乡镇综合行政执法事项50项，涉及8个行政执法单位。在此基础上，结合《山西省乡镇权责清单参考目录》梳理乡镇本级行政执法事项18项，与委托下放清单合并形成《阳泉市郊区 2022 年乡镇综合行政执法事项清单》68 项,由各乡镇发文进行了公布,区司法局牵头在区政府网站统一进行了公示。50 项委托下放事项全部办理委托手续,下放到位。

三是完善制度机制,推进规范执法。为进一步强化乡镇综合行政执法有序、规范开展的制度保障,区乡镇综合行政执法改革领导组办公室印发了《行政执法文书格式范本》,编制下发了《阳泉市郊区乡镇综合行政执法协调联动机制(试行)》《阳泉市郊区乡镇综合行政执法联席会议制度》《乡镇综合行政执法工作制度(范本)》等相关制度,对案件移送、投诉举报、信息共享、争议协调及司法衔接等方面工作进行了明确;组建了法律服务团队,积极为乡镇综合行政执法改革及后续日常执法工作把好法律关;编制了《阳泉市郊区乡镇综合行政执法标志、门头标识、名称挂牌和用车标识》,提升乡镇综合行政执法对外良好形象;编撰了汇集中央和省、市、区相关文件精神、规定以及执法文书范本等于一册的《乡镇综合行政执法资料汇编》,全力助推乡镇综合行政执法提升能力水平。

四是人员定编定岗,确保队伍稳定。为切实打造一支指挥顺畅、熟悉情况、力量充足、人员稳定的乡镇综合行政执法队伍,结合实际,区委编办下发了《关于明确乡镇综合行政执法队伍人员编制有关事项的通知》(阳郊编办函〔2022〕6 号),各乡镇积极从现有公务员和事业编制人员当中择优调整适合从事行政执法工作、具备申领执法证件的人员充实到乡镇综合行政执法队,全区共上报 68 人在区委编办、区司法局进行了备案,基本实现了乡镇综合行政执法队伍定编定岗,人员队伍相对稳定。

五是加强培训教育,提升人员素质。按照省市的统一部署安排,认真组织未取得行政执法资格证的乡镇人员参加全省行政执法人员证件申领考试,为乡镇独立开展行政执法打下了良好基础。为进一步提升乡镇行政执法人员素质，区司法局联合区财政局对乡镇执法人员就《行政处罚法》、罚没收入管理、8个部门下放事项等主要内容进行了培训。举办了乡镇综合行政执法人员行政诉讼案件旁听庭审活动，40余名乡镇执法人员亲身体验了行政诉讼案件的审理，聆听了主审法官以案释法。30名乡镇执法队人员参加了阳泉市乡镇综合行政执法人员专业化执法能力提升培训班，进一步夯实了开展乡镇综合行政执法的能力基础。

六是强化工作保障，确保执法能力。为切实加强乡镇综合行政执法队伍执法装备、执法车辆等装备配备，区财政拿出84.4万元资金予以充足保障。区委、区政府举行了隆重的"阳泉市郊区'一支队伍管执法'乡镇综合行政执法启动仪式"。启动仪式上，公布了乡镇综合行政执法配发装备清单，与会市、区领导现场为6个乡镇综合行政执法队进行了揭牌，配发了8辆行政执法车辆，区委书记对乡镇执法队提出了要"做永不褪色的忠诚战士、不负人民的贴心卫士、守护公平的坚定勇士和廉洁自律的合格斗士"的建队要求，区政府代区长提出了"全力推进68项行政执法事项落地见效，建立完善长效机制，积极打造郊区样板"的工作要求。

通过大力推进"一支队伍管执法"乡镇综合行政执法改革，郊区综合执法工作主要取得了以下成效：一是健全了机构，各乡镇全部成立了乡镇综合行政执法队，为乡镇开展行政执法奠定了组织基础。二是明确了编制，6个乡镇共上报区委编办备案乡镇综合行政队人员68人，解决了乡镇行政执法工作人员办理执法证件的身份难题。三是下放了权限，赋权乡镇综合行政执法事项68项，确保乡镇真正实现"看得见，管得着"。四是强化了保障，为乡镇综合行政执法队配备了执法车辆、执法记录仪、执法队统一制服等，为乡镇开展综合执法提供了强有力的工作。各乡镇陆续建成执法队独立办公场所；旧街乡政府于6

月 2 日签发了违章建筑限期拆除通知书并进行了送达；7 月 14 日，荫营镇综合行政执法队聚焦夜市经济，对镇区烧烤摊、小吃店等 13 家商户开展联合执法检查，各乡镇综合行政执法已经实质性开展并取得成效。[1]

四 优化乡镇行政区划设置，确保常住人口管理服务有效覆盖

近年来，随着城镇化的推进和农村常住人口的锐减，乡镇行政区划的调整已经迫在眉睫，但盲目的"合村并居"又容易引发社会矛盾。郊区坚持以为民服务为根本，着力做好常住人口管理服务工作，真正实现了农村变社区、村民变居民。郊区现有"村改居"社区 9 个（含村并居 2 个），包括荫营镇 5 个（坪上社区、下荫营社区、桥上社区、玉泉社区、上荫营社区）、李家庄乡 4 个（恒大社区、甄家庄社区、冯家庄社区、李家庄社区），其中恒大社区、李家庄社区为村并居社区。"村改居"社区居民 19751 户，常住人口约 54630 人。实施网格化管理中，共划分为 81 个网格 484 个微网格。

（一）夯实基础，构建"1+5"党建组织架构

全区"村改居"社区依托"基层党建和社区治理党委"，统筹各类党建资源，积极搭建"乡镇党委揽全局、社区党组织抓总体、网格党支部强服务、楼栋党小组优管理、党员中心户作表率"的五级管理体系，构建"1+5"党建治理组织架构，把党的领导落实到基层社会治理中，把党的领导贯彻到社区治理全过程。

（二）"三治"融合，畅通基层治理路径

1. 自治强基进展顺利

一是选优配强"两委"班子。2021 年高质量圆满完成社区

---

[1] 作者于 2022 年 6 月在阳泉市郊区调研所得资料。

"两委"换届选举工作，配强"村改居"社区党组织书记，优化社区干部队伍结构，选出70名政治硬、会服务、善治理的社区"两委"干部。二是做好换届后续工作。及时推选产生社区居务监督委员会、人民调解委员会、公共卫生委员会等下属委员会组织，交叉任职共计120余人。选优配强社区居民代表459人、楼院长258人参与社区治理。2022年，"村改居"社区组织机构均已规范建设，社区各组织机构工作职责明确，人员配备到位，实现"村改居"社区工作平稳过渡。三是规范自治制度。9个"村改居"社区全部完成《社区居民自治章程》和《社区居民公约》的制定、修订完善工作。同时结合社区实际，完善社区议事协商、党务居务财务"三公开"、走访居民等自治制度。四是推广先进经验。积极推广基层治理典型经验——"六议两公开"工作法，把党的领导机制、两委协调机制、党内民主机制、居民自治机制融合在一起，积极构建党建引领下的人人有责、人人尽责、人人享有的基层社会自治共同体。

2. 法治保障整体提升

一是强化普法宣传。组织社区干部和网格员，深入居民之中开展普法教育；协调区司法局为各社区定期派驻律师召开法治讲堂，开展法律宣讲咨询服务。二是推进阵地建设。组建社区人民调解委员会，打造特色矛盾调解中心，运用"网格+调解""行业+专业"等矛盾纠纷多元排查调解机制，满足群众对多元化解矛盾纠纷的需求。三是搭建服务平台。积极指导各社区创建民主法治示范社区，老虎沟社区已达到市级民主法治示范社区标准，并积极申报省级民主法治示范社区。

3. 德治教化成效显著

一是推进教育实践活动。开展"新时代文明实践站"和"道德讲堂"建设。二是推进文明示范活动。积极开展"好家风好家训"征集宣传活动和"文明家庭""文明户"等评选活动，以先进典型激励居民崇德向善，新风良俗深入基层。上荫营社区在"德治"上先行探索，建立"道德超市"，多年来共评选出"十星级"文明户、"好婆婆、好媳妇"、道德模范等40位，带动广大群众学有榜样、行有示范。

（三）整合资源，推动服务项目化建设

充分发挥"村改居"社区多元主体参与作用，有效整合公共资源，满足居民多样化需求，创新设计了多个类型的服务项目。当前"村改居"社区已成功申报市级项目12个，区级开展23个社区服务项目，目前所有项目均已完成。

第二节 提升乡镇为民服务能力

全心全意为人民服务是党的根本宗旨，也是加强基层政权治理能力建设的本质要求。但长期以来，一些行政审批部门"门难进、脸难看、事难办"，广受群众诟病。近年来，我国大力推进"放管服"改革，即简政放权、放管结合、优化服务，加快推进政务服务向基层延伸，实现从管理型政府向服务型政府转变。阳泉市郊区以抓党建促基层治理能力提升转型为契机，加强基层政务服务规范化便民化建设，推进政务服务向基层延伸，推动为民服务工作走深走实。

一 深化"放管服"改革，推动服务事项依法下放

阳泉市郊区依托党群服务中心，积极构建"1+6+N"党群服务中心网络体系建设，实现区、乡镇、农村（社区）三级党群服务中心全覆盖、全提升。探索"1+1+2+5+1"工作模式："1+1"即1个线上党建信息化平台和1张线下服务党群工作网络；"2+5"即2个党建功能厅和5个服务工作站；"1"即"一栏"，在中心四层大厅设置党务政务财务公开栏，把人民群众最为关心、最为疑虑的问题及时公开。

一是完善便民服务机构、设施建设。统一规范乡镇、村

(社区）便民服务机构名称，完善便民服务设施，合理设置服务窗口，配备硬件设备，悬挂标志指示牌。二是梳理编制基层政务服务事项清单。相对集中的行政许可权改革后，区直部门梳理权责清单 1960 项事项（不包括公共服务事项），乡镇梳理事项 126 项（不包括公共服务事项）。三是积极推进"网上办、掌上办"。将一体化在线政务服务平台或业务专网接入乡镇、村（社区）便民服务机构，积极推广运用一体化在线政务服务平台、三晋通 App 等"网上办事"功能。四是推行政务服务帮办代办工作。各乡镇设置帮办代办服务窗口，无偿为企业和群众提供全程帮办代办服务。五是提升政务服务便民化水平。政务服务大厅（中心、站）畅通线上线下办事渠道，加强为老年人等自主办事困难群体提供现场咨询、指引便利、协助办理等服务。

下一步，郊区将采取"党建＋便民"合建的模式，进一步提升政务服务能力。各乡镇便民服务中心、村（社区）便民服务站将配备 1—2 台政务服务一体机，提高政务服务一体机布设普及率；区级各部门将能够下放到乡镇受理或办理的政务服务事项做到一律下放，加强对延伸到基层的政务服务事项和一体化在线政务服务平台或专用业务系统的使用培训、指导；各乡镇积极推动涉及民政、退役军人事务、卫生和健康、自然资源和规划、农业农村、司法、社会保障、医疗保障、水利等政务服务事项进驻便民服务机构办理；各相关部门、乡镇、村（社区）抽调专人，组建"帮办代办"工作队伍，并按照相关管理制度开展日常管理和业务指导、培训等工作。

二 推进乡村振兴，提升公共服务水平

加强基层政权治理能力建设，乡村振兴是绕不开的话题。党的十九大报告提出的实施乡村振兴战略，为"三农"工作指明了道路，也为乡镇治理能力建设提供了方向。但乡村振兴，

更多地指向乡村未来发展的愿景，至于如何实现乡村振兴，需要基层不断实践和探索。

实现乡村振兴，必须坚持党的领导，发挥基层政府主导作用，依托农村现有资源，发展壮大村集体经济，提升公共服务水平，增强农民获得感、幸福感、安全感。近年来，郊区通过开展农村集体资产"清化收"、壮大村集体经济等方式，唤醒农村"沉睡资源"，推动资源为资产、资产变资金，持续推进乡村振兴。

（一）开展农村集体资产"清化收"专项行动

一是强化组织领导，分级分类统筹推进。建立区级统筹、乡镇推进、村组实施的体制机制。区、乡两级成立主要领导任组长、分管领导任副组长、各相关部门分类统筹落实的农村集体资产"清化收"专项工作领导机构和工作组，落实岗位责任，凝聚工作合力。区委主要领导对工作开展进行系统部署，区委组织部门牵头做好专项部署，区级业务部门抓好详细部署，各乡镇落实精准部署，确保按时间节点完成专项任务。出台《全区农村集体资产"清化收"专项工作实施方案》，建立区、乡、村三级"清化收"工作台账，实行自下而上、双线上报的双周调度机制，确保各项工作平稳、有序推进。

二是紧扣关键环节，明确重点确保实效。合同清理不留盲区。以正在执行中有争议、有问题的合同为重点，建立台账、明确措施、挂图作战、逐案销号，确保政策不打折扣、摸排不留死角、工作不走过场。债务化解精准有效。以需处置的不良债权债务为重点，登记台账、厘清数额、明晰成因、明确责任，确保摸底全面准确，债权债务清晰，化解精准到位。以可利用的集体资源为重点，建立台账、核实用途、盘活资产、能用尽用，确保资源数据翔实，土地利用规范，创收渠道多样。

三是深入宣传培训，吃透用活政策措施。逐级多形式开展培训。区级组织部门先后三次召开专题培训会，对全区专项工作开展进行系统培训；区级业务部门采取"培训+座谈"形式，解读实施方案，现场答疑解惑，实现乡镇全覆盖；各乡镇组织乡镇专干、支村"两委"、村级集体经济组织负责人等进行专题培训。基层工作各有特色。荫营镇聘请专业的律师事务所对全镇村集体经济合同进行核查，对梳理的问题分门别类，逐项提出法律层面意见建议；李家庄乡倒排工期，加班加点，合同、债权债务梳理一目了然，条理清晰，数据翔实，扎实推进；西南舁乡将"清化收"专项工作放在抓党建促基层治理提升专项行动中通盘考虑，协同推进，明确试点，辐射带动；旧街乡明确重点，对辖区内的各村进行分类，基础好的村先行、一般的村跟进、有难点的村重点突破，以点带面逐步推进。

（二）壮大村级集体经济

郊区坚持党建引领，强化政策支撑，把发展壮大新型村级集体经济作为实施乡村振兴战略的重要抓手，多层次、多渠道、多形式促进农村集体经济持续较快增长。截至2022年9月，全区农村集体经济年收入100万元以上的村33个，占比38.82%；10万元以上100万元以下的村5685个。[①]

一是加强组织领导，统筹推动联合攻坚。建立区级牵头抓总、乡镇部署推动、村级全力实施的工作体制机制，组建由区委常委、组织部部长任组长，副区长任副组长，各相关部门主要负责人为成员的郊区壮大新型农村集体经济工作专班。

二是明确发展方向，实施壮大提质行动。出台《阳泉市郊区发展壮大新型农村集体经济实施方案》，在摸清底数的基础上，依托区位条件、资源禀赋和现状基础，积极进行资源整合和规范利用，明确绿色生态型、红色经济型、服务创收型、物业管理型村庄培育目标，找准发展路径，明晰职责分工，明确任务阶段，建立工作台账，组织实施农村新型集体经济壮大提

---

① 作者于2022年9月在阳泉市郊区调研所得资料。

质行动。

三是坚持党建引领，激活动能高效发展。坚持党建引领，立足主责主业，紧紧牵住集体经济发展这个"牛鼻子"，对标先进、寻找差距，组织开展2022年度乡镇党委书记抓村级集体经济发展"大比武"活动。区委组织部门牵头组织各乡镇党委书记紧扣区位特点、资源优势、项目实施等内容，通过"PPT＋现场展示"，详细汇报了2022年发展壮大新型集体经济发展规划，进一步激发了乡镇党委书记、村党组织书记抓集体经济发展的积极性和主动性，对于全面推进村级集体经济壮大提质，不断开创全区村级集体经济发展新局面具有重要意义。[1]

（三）真心实意帮助基层

郊区大力开展区直部门与镇村包联工作，发挥职能部门优势，助力乡村振兴。比如，区农业农村局包联河底镇上、下章召村，局党组高度重视，进村入户，按照"摸实情、送政策、解难题、促发展"总体工作思路，摸清基层工作中存在的突出问题，有针对性地帮助基层厘清工作思路，解难题、送政策。将下章召村股份经济合作社100亩高标准玉露香梨种植基地项目，列为阳泉市郊区2022年第一批财政衔接推进乡村振兴补助资金项目，项目投资70万元，补助资金30万元。积极推进下章召村人居环境整治，计划改厕186座（已完成120座），并修建化粪池，配备吸粪车。在新冠疫情防控期间，机关干部职工下沉一线，督导上、下章召村疫情防控工作，详细检查测温岗设置、台账资料，提出工作指导意见，强调加强对中高风险地区来村返村人员摸排登记和健康监测，持续指导基层压实责任、细化举措、严查严控，不断提升基层防控能力。

（四）开展村庄清洁百日攻坚专项行动

农村居住环境是否干净、整洁，最能直观反映乡村振兴和

---

[1] 作者于2022年6月在阳泉市郊区调研所得资料。

乡村治理的成效，也是农民群众最关心、关注的公共服务民生事项。按照阳泉市村庄清洁百日攻坚专项行动统一部署要求，郊区第一时间成立了由区长任组长的专项行动领导小组，逐村逐路开展问题摸排，因地制宜制订实施方案。坚持全域整治，突出交通干线、河道水域、城乡接合部、乡镇驻地中心村、旅游景点周边村，聚焦农民群众日常生产生活，重点抓好清理生活垃圾杂物、清理生活污水废水、清理农业生产废弃物、改变不良生活习惯、道路及沿线环境整治"三清一改一整治"，促进农村环境全面提升。

自平坦镇村庄清洁百日攻坚专项行动开展以来，全镇各村积极响应号召，广泛发动干部群众对本村范围人居环境自查整改。截至2022年6月，平坦镇共出动500余人次，出动10余辆工程车清理交通沿线积存建筑垃圾和生活垃圾431吨，拆除遗留、废弃的广告牌和无实际用途、有碍观瞻的视觉污染设施59处，消除安全隐患45处，开展交通沿线绿化美化5603平方米，清理河道内工业、建筑、生活垃圾和水域漂浮垃圾122吨，清理整治乱堆乱放、乱搭乱建、乱贴乱画338余处，拆除违章建筑、废弃建筑和残垣断壁，消除破旧裸露墙体80处，清理村内垃圾657吨，清理农业生产废弃物26.45吨，整治工作初见成效。[①]

三 加强城市精细化管理，推动村民变市民

随着城镇化的不断推进，大量农民涌入县城，从村民变成了市民。与此同时，街道的市政市容管理、物业管理、流动人口服务管理、社会组织培育引导等城市管理工作压力骤增，急需科学、有效、精细化的管理方式，健全基层治理体系，提升基层治理能力。

---

① 作者于2022年6月在阳泉市郊区平坦镇调研所得资料。

郊区现有14个社区（荫营镇9个、河底镇1个、李家庄乡4个），含村改居（村并居）社区9个，社区常住人口约9.1万。随着政府工作重心的下沉，大量工作下移或延伸到基层，社区工作能不能做好，更是成了民生服务能不能落到实处、落到群众心坎的"最后一公里"。郊区始终坚持贯彻习近平新时代中国特色社会主义思想，以"争做转型发展表率，打造城乡融合样板"为引领，抓党建、抓治理、抓服务一体统筹、一体谋划、一体推进，构建"小社区、大服务"的融合式发展格局，打造抓党建促基层治理能力提升的"郊区样板"。

（一）党建引领，四方维度创新社区治理

一是夯实基础，构建"1+5"组织架构。2022年4月，成立了"中共阳泉市郊区基层党建和社区治理委员会"，作为全市首家城市党建和社区治理功能性、专业化党委，着力推进党建资源互联互动，构建全区统筹、上下联动、多元融合的党建新格局。同时，统筹各类党建资源，积极搭建"乡镇党委揽全局、社区党组织抓总体、网格党支部强服务、楼栋党小组优管理、党员中心户作表率"的五级管理体系。通过完善"1+5"的组织架构，把党的领导落实到基层社会治理，把党的领导贯彻到社区治理全过程。

二是科学划分，优化网格服务管理。按照"规模适度、方便管理、责任清晰"原则，充分考虑居民的认同度、社区工作人员状况等因素，将全区14个社区划分成109个大网格782个微网格，成立网格党支部、党小组109个，组建起"网格指导员+网格长+专职网格员+网格辅助员+专属网格员"的网格员队伍。创新性运用"16635"网格运行机制和"63321"工作法，让网格员深入网格，与网络相融合，充分发挥网格员"人熟、地熟、情况熟"的优势，在走访入户、矛盾纠纷排查、疫情防控、政策法规宣传等方面发挥作用，实现"网中有格、格中有人、人在格上、事在格中、格事尽知"，推进社会治理和服务重心向基层下移。

三是文化育廉，推进"清廉社区"建设。以抓党建促基层治理专项行动为契机，持续深化基层党风廉政建设，从强化政治、完善制度、做实监督、弘扬文化等方面系统发力，全面开展"清廉社区"建设。建立社区干部廉洁档案；公开社区权利、服务、监督清单；常态化组织开展廉洁教育、法治宣传教育等活动。积极探索乡风文明培育平台，着力打造上荫营社区"道德超市"、甄家庄社区廉洁文化园等，以民风转变带动社会清廉。

四是五社联动，强化协同治理。坚持党建引领，深入推动社区、社工、社会组织、社区共建单位和社区志愿者"五社联动"机制。以社区党组织为核心，充分发挥社区志愿者参与作用，有效整合公共资源及社会慈善资源，以社区服务项目化的运作方式，满足辖区居民多样化需求。近年来累计投入50余万元，开展66个专业服务项目，涉及红色党建、老年人服务、青少年成长等多个服务领域。2022年上半年已申报成功5个市级社区服务项目，项目涉及打造"儿童之家"、培育社区社会组织、开展志愿服务等，通过社区服务项目化建设，进一步提升全区社区基层治理能力。

（二）多方保障，护航基层治理提质增速

一是筑牢社区为民服务的"石柱子"。积极推动社区工作者职业化专业化建设。出台《社区工作者管理办法》《社区工作者考核办法》《社区工作者选聘办法》等制度，做到社工队伍管理有据可依、有标可循。高度重视社区工作者能力提升。制定《阳泉市郊区社区工作者培训计划》，组织全体社区工作者赴城区南山街道、矿区赛鱼街道、城区金三角社区等地参观交流学习；开展集中培训社区"两委"成员及新选聘社区工作者500余人次。注重引进人才取长补短。聘请具有丰富社区工作经验、专业功底扎实的原金三角社区书记为社区建设指导员，对全区社区建设及社区治理工作进行专业指导。通过外学内管，全面提升社区工作者能力水平。

二是撑起社区有效治理的"钱袋子"。足额保障社区运行经费。社区运转经费按照全年不低于13万元，服务群众专项经费全年不低于10万元，按进度拨付到位。出台《社区工作者薪酬管理实施办法》，全面落实社区工作者"三岗十一级"薪酬标准。推进社区治理项目专项建设。为加强社区治理创新，全区投资18万元用于社区治理项目专项建设，共涉及扶持社区治理服务、社区社会组织孵化培训、议事协商平台打造等29项社区专业服务项目。加强经费规范化管理。制定《社区居民委员会工作专项经费管理使用办法》，严格社区工作经费规范化使用。[1]

四 加强基层医疗卫生机构和乡村卫生健康人才队伍建设

基层医疗卫生水平直接关系人民群众生命安全和身体健康，其重要性不言而喻。近年来，郊区不断加大基层医疗卫生领域投入力度，改善乡镇卫生院、村卫生室医疗条件，加强乡村卫生健康人才队伍建设，满足基层群众就医需求。

平坦镇现有1个综合性乡镇卫生院和14个村级卫生所，为辖区1.2万人提供基本医疗和基本公共卫生服务。平坦镇卫生院现有职工在编人员24人，其中高级职称2人、中级职称7人。承担职工医保和居民医保服务，开展慢性病患者长处方服务。2021年卫生院新设精神康复病区，聘请精神科专家坐诊并指导开展精神病区工作，同时派出两名年轻骨干医生进行精神科转岗培训；此外，卫生院与阳泉市第三人民医院建立医联体，两名心内科和内分泌科主任定期坐诊。在为辖区居民提供就近便利医疗服务的同时，也为卫生院的全面可持续发展注入了生机。辖区10个行政村有14个村卫生所，14名村医，其中8名执业

---

[1] 作者于2022年6月在阳泉市郊区调研所得资料。

（助理）医师、1名乡村全科助理医师、5名乡村医生。卫生所均配备体重秤、血压计、快速血糖仪、健康一体机、制氧机等开展基本诊疗和基本公共卫生服务的设备，均配备电脑、打印机、文件柜等基本办公设备。新冠疫情发生以来，卫生院和卫生所的所有医务人员，积极投身疫情管控最前沿，参与疫情防控各项工作，为疫情防控做出了积极贡献。

五 优化提升乡镇政务服务水平

政务服务是基层政权的基本职能之一。优化乡镇政务服务流程，让基层群众享受更优质、便捷的政务服务，是基层政府的努力方向，也是职责所在。按照建设服务型政府的目标要求，郊区各乡镇均建设了便民服务中心，力求让群众办事少跑腿、就近办。

例如，河底镇便民服务中心主要开展了五项服务。一是便民服务。办事窗口一字排开，群众一目了然，民政、社保、残联、退役军人服务站、派出所户籍办理等多个服务窗口进驻，实行一体化办公、一站式服务。此外，办公场所特别增设群众休息区，配备休息座椅，添置饮水机、雨伞架、读书区等便民设施，为群众提供更为舒适的办事环境。二是调度指挥。透过电子显示屏，利用纵横贯通的"一张信息网"，依托统筹指挥、情报研判"两大功能区"，搭载视频会议系统、社会治安信息系统、"天网"公共安全视频监控系统"三大动力源"，建设平安业务、治安防控、民生服务、安全运维"四大服务器"，充分发挥"大脑中枢"功能。三是心理服务。以生机盎然的绿色为主基调，营造出轻松愉快的谈话氛围，聘请专业的心理咨询师，每周四下午提供心理咨询服务。让群众说出"心声"、打破"心墙"、守住"心防"，逐步形成了政府主导、部门合作、专业支撑、群众受益的社会心理工作格局。四是矛盾调解。按照"以和为贵、依法调解"的原则，探索"和事佬+法律援助"的矛盾处理模式，组建包括镇班子成员、支村"两委"主干、退休党员干部、司法所人民调解员在内的调解团，实现以情感人、以理服人、以法育人"三调"联动，深入推进矛盾纠纷源头预防、多元化解。2022年上半年共调解各类矛盾纠纷60余次，其中包括2次重大纠纷事件，真正做到"小事不出村，大事不出镇"。五是网格员管理。按照"规模适度、界限清晰、无缝覆盖"的原则，搭建"1+1+3"网格员队伍体系，组建"网格长+网格员+网格辅助员"的工作队伍，共设置网格长25人、专职网格员59人、专属网格员3人、网格辅助员296人。2022年上半年共上报各类有效事件8797件，记录网格员日志3244篇，发现及处理各类隐患924处，调处化解各类矛盾纠纷44件。通过深化网格在基层治理中的基本工作单元作用，确保基层治理有人抓、有人管，实现"人在网中走，事在格中办"。

第三节 促进乡镇议事协商能力

习近平总书记强调："在中国社会主义制度下，有事好商量，众人的事情由众人商量，找到全社会意愿和要求的最大公约数，是人民民主的真谛。"[1] "有事好商量"是中国文化的传统，议事协商是中国社会主义制度下基层民主的生动实践。

党的十八大报告首次提出"社会主义协商民主是我国人民民主的重要形式"，并明确指出"健全社会主义协商民主制度"和"完善基层民主制度"是推进政治建设和政治体制改革的重要内容。基层协商民主建设对健全中国特色社会主义基层协商民主具有重要的意义。在实践中探索，在实践中创造，积极探索基层协商民主的制度化形态是在基层自治层面健全社会主义

---

[1] 习近平：《在庆祝中国人民政治协商会议成立65周年大会上的讲话》，《人民日报》2014年9月22日第2版。

协商民主制度的有效途径。党的二十大报告指出，协商民主是实践全过程人民民主的重要形式。完善协商民主体系，统筹推进政党协商、人大协商、政府协商、政协协商、人民团体协商、基层协商以及社会组织协商，健全各种制度化协商平台，推进协商民主广泛多层制度化发展。健全人民当家作主制度体系，扩大人民有序政治参与，保证人民依法实行民主选举、民主协商、民主决策、民主管理、民主监督，发挥人民群众积极性、主动性、创造性，巩固和发展生动活泼、安定团结的政治局面。

基层治理如何规范基层协商民主的新形式，促进其向程序化和制度化方向发展。首先，应当规范基层协商民主中的新形式，向制度化方向发展。其次，应当在发展中不断改进、在改进中不断完善、在完善中不断规范，在程序化、制度化成熟的时候开展推广。最后，注意打造协商民主的品牌，形成品牌效应。品牌化应当成为地方协商民主制度化发展的一条捷径和突破口。

阳泉郊区把议事协商能力建设作为推进乡村社会治理的重要基石，健全完善民主协商制度，充分发挥人大代表、政协委员、群众代表等建言献策、参政议政作用，实现了问政于民、问计于民、问需于民。

一　完善基层民主协商制度

基层民主制度主要是指基层群众自治组织形式及其运作方式，是人民行使民主权利、参与管理国家事务和社会事务的一种形式，是社会主义民主制度的重要组成部分。加强基层民主制度建设，是中国特色社会主义民主政治建设的重要内容，是发展更加广泛、更加充分、更加健全的人民民主的迫切要求。

制度建设是加强基层政府议事协商能力的关键支撑和有力保障。进一步讲，建立健全基层协商民主长效机制，必须遵循刚性、持续性、时效性、规范性的原则。首先，必须制定明确、有效、细致的协商民主制度规范，避免含糊不清和弹性太大等缺陷。其次，不能因为领导人的好恶而改变，应当避免出现协商民主的随意性。再次，设立长效机制程序，使得协商民主有章可循、有法可依，形成良好的协商习惯。例如，明确规定周期内的协商民主召集次数；明确量化协商民主召集的标准和条件等。最后，长效机制的建立和保持，需要党、政府和民众三者形成合力，在法律法规的范围内形成协商民主的优良传统。

例如，阳泉郊区平坦镇通过建立人大代表联系、接待选民制度，发挥人大代表了解民情、反映民意的桥梁纽带作用，把群众的"声音"传递到党和政府，让党和政府找到了为民服务的正确路径。

举例一：平坦镇人大代表联系选民制度

一、人大代表与选区选民要保持密切联系，是法律赋予人大代表的权利和义务，有利于形成深入了解民情、充分反映民意、广泛集中民智的决策机制，推进决策科学化、民主化。

二、代表要对本选区选民负责，每位代表至少联系10名选民，了解民情、反映民意。代表每年深入选区2次以上，每年同联系人至少2次沟通交流，并做好记录。

三、代表向群众宣传宪法、法律法规、政策、人大制度和党委、政府中心工作等，听取选民、群众的意见和要求，积极为选民释疑解惑。

四、代表将调研了解到的情况和群众意见，经过分析研究，形成意见和建议，向同级人大提出，力所能及地帮助选区选民解决生产、生活中的突出问题。

五、乡镇人大主席团应做好代表联系选民的组织、指导协调和服务保障工作。人大代表所在单位和选区应支持人大代表开展联系选民活动，并协助做好相关工作，提供必要保障。①

举例二：平坦镇人大代表接待选民制度②

一、为了进一步密切人大代表与选民的联系，确定每月10日为代表接待选民日。

二、每月的代表接待选民日活动，由该联络站内的各级人大代表轮流参加接待。

三、代表在接待选民时要佩戴代表证；在接待过程中，要认真听取选民反映的问题和意见，做相关法律政策的解释说明，并做好记录，但不直接处理问题。

四、选民反映的问题和意见属于人大职权范围内的或者具有普遍性、代表性的问题，代表可以以代表建议、批评和意见等形式，向有关部门提出。

五、人大代表联络站每次接待群众至少安排2名代表，时间不少于半个工作日，并提前三天以上将活动时间、地点、参加活动的代表姓名、活动主题和内容等事项进行公告。

党的十八大报告明确提出社会主义协商民主是人民民主的重要实现形式，并要求"推进协商民主广泛多层制度化发展""积极开展基层民主协商"。党的十八届三中全会通过的《中共中央关于全面深化改革若干重大问题的决定》，进一步把"开展基层民主协商、推进基层协商制度化"作为发展社会主义民主的重要内容。因此，需要通过法律和制度的形式使之与基本政治制度有效对接，协同推进社会主义协商民主的有序发展。2019年9月20日，习近平总书记在中央政协工作会议暨庆祝中国人民政治协商会议成立70周年大会上的讲话中指出，要发挥

---

① 作者于2022年6月在阳泉市郊区平坦镇调研所得资料。
② 作者于2022年6月在阳泉市郊区平坦镇调研所得资料。

好人民政协专门协商机构作用，把协商民主贯穿履行职能全过程，坚持发扬民主和增进团结相互贯通、建言咨政和凝聚共识双向发力，积极围绕贯彻落实党和国家重要决策部署情况开展民主监督。党的二十大报告进一步强调了这一要求。团结和民主，是人民政协两大主题；建言咨政和凝聚共识是人民政协履职的集中体现。将它们贯通起来，做到双向发力，有利于准确把握人民政协性质定位，提高政协工作质量和效能，推进各党派团体、各族各界的大团结大联合。协商民主体现了全过程人民民主的本质属性。中国共产党领导人民实行人民民主，就是保证和支持人民当家作主。而保证人民当家作主，要求我们在治国理政时在人民内部各方面进行广泛商量。在人民内部各方面广泛商量的过程，就是发扬民主、集思广益的过程，就是统一思想、凝聚共识的过程，就是科学决策、民主决策的过程，就是实现人民当家作主的过程。古今中外的实践也表明，保证和支持人民当家作主，通过依法选举、让人民的代表来参与国家生活和社会生活的管理是十分重要的，通过选举以外的制度和方式让人民参与国家生活和社会生活的管理也是十分重要的。

第一，要健全基层党组织领导的充满活力的基层群众自治机制。基层群众自治制度包括城市居民委员会制度和农村村民自治委员会制度。在城市，要完善居民委员会协调会制度、听证会制度、评议会制度、居民来访制度、居委会工作报告制度等，进一步发挥城市居民在社区治理、公共事务和公益性事业中自我管理、自我服务、自我教育、自我监督的积极性和主动性。在农村，要进一步完善村民民主选举、民主决策、民主管理、民主监督的方式方法，提高农村公共事务、公益性事业的自我管理水平和调解民间纠纷、维护社会治安的自觉性。要扩大有序参与，更多地吸收城乡居民参与基层事务的管理，涉及基层群众利益的事务广泛听取居民的意见和建议。要推进信息公开，把城乡社区管理涉及的事务尽可能地向居民公开，让每一位居民心里都有一本"明白账"。要加强议事协商,凡涉及居民的公共事务和公益性事业,都要开展议事协商,尽可能地达成一致性意见,妥善处理好各种不同意见和利益关系,维护社区和谐稳定。要加强权力监督,对城乡社区中担负管理职责的机构和人员加强监督,调动居民参与监督的积极性,防止腐败现象的发生。

第二,要全心全意依靠工人阶级,健全以职工代表大会为基本形式的企事业单位民主管理制度,保障职工参与管理和监督的民主权利。健全以职工代表大会为基本形式的企事业单位民主管理制度,主要是强化职工在本单位经营管理和各项事务中的民主管理、民主监督作用,审议企事业单位的重大决策,管理企事业单位内部事务,监督行政领导行使管理职权,维护职工合法权益,确保企事业单位各项事业健康、可持续发展。

第三,发挥基层各类组织协同作用,实现政府管理和基层民主有机结合。基层工会、共青团、妇联等团体以及各类社会组织是基层群众自治的重要依托。要加强对基层各类组织的领导,积极培育各种有利于促进社会公共利益、基层民主和社会自治功能的社会组织,推动基层各类组织广泛发扬民主,实行民主决策、民主监督,提高工作透明度,引导和规范基层各类组织健康有序发展。在此基础上,充分发挥基层各类组织在维护群众利益、反映基层群众诉求、管理基层事务、扩大群众参与等方面的积极作用,增强基层各类组织的自治功能,拓宽基层群众自我管理、自我服务、自我教育、自我监督的渠道,实现政府管理和基层民主的有机结合。

二 注重发挥人大代表、政协委员作用

人大、政协协商民主的实现形式不仅包括委员之间的议事协商、委员与党政部门之间的咨政协商,还包括委员与群众之间的社会协商。基层党组织应积极完善支持基层协商民主的议

事规则和工作规程，积极搭建民主协商、行政协商、参政协商、社会协商、企业协商、劳资协商、民主听证会等协商平台。各地基层组织应将界别联系群众作为推进协商民主工作的重要抓手，围绕界别群众思想认识困惑点、利益关系交织点、社会矛盾易发点，召开界别信息会、界别座谈会、界别约谈会、界别调查会等形式，反映界别群众的愿望、要求和批评意见，形成某一领域或者某一界别的"界别意见"，使基层协商民主成为发扬民主、反映民意、集中民智、增进共识的重要平台，把协商民主作为决策过程的必要环节，有效形成基层协商民主制度的长效机制。

协商的一个首要前提就是保证协商主体的广泛代表性。就协商主体而言，应尽量吸纳不同阶层、不同群体的代表人士，扩大团结面，增强包容性。如协商人数太多，可运用随机抽样确定会议代表，保证协商民主的公平开展。抽样方式还可以克服由领导人指定会议代表人员所带来的弊端。在实际工作中，随机抽样还有可能抽到一些本来不大可能参加的人，如文盲、社会边缘人物等，这有利于增进干群之间相互理解，切实体现协商民主的广泛参与原则。

人大代表、政协委员是议事协商能力建设的主体，特别是在乡镇基层，人大代表、政协委员一般来自辖区内企业家、致富能手、村组织带头人等，既了解上级政策，具备一定的政治理论素养，又熟悉乡镇、农村基层实际情况，对农村经济社会发展中存在的问题有切身的体会。他们的建言献策也往往更直接、更具体。

比如，河底镇充分发挥人大代表作用，一是贯彻党委决策，加强党的领导。紧紧围绕党委这个领导核心，自觉把人大工作置于党委的领导之下，立足大局，围绕中心履职，做到服务、服从于大局。紧紧围绕关系群众切身利益的问题，发挥人大工作的优势和特长，抓住关键，突出重点，集中精力，做好工作，确保人大工作始终与党委中心工作在方向上一致、节奏上同步。二是维护群众利益，促进社会和谐。人民群众是人大工作的根和本，做好人大工作，离不开人民群众的广泛支持。因此人大工作者必须时刻牢记以人为本、执政为民的理念，切实关注民生，认真倾听民意，处处维护民利，把权为民所用、情为民所系、利为民所谋作为开展人大工作的准则，要把实现、维护和发展人民群众的根本利益，作为开展一切人大工作的出发点和归宿。坚持密切联系群众，深入群众开展调查研究，倾听群众呼声，反映群众意见，为群众讲真话讲实话；从人民群众最关心、最现实、最直接的衣食住行、教育、就医、就业等切身利益问题着手，为群众解难题、办实事，使人大的各项工作都能贴近民生、反映民意、顺应民心。通过"人大代表联络站点"建设，开展代表接待选民活动，搭建代表履职平台，畅通代表与群众联系的渠道，积极推动人大与代表、代表与群众之间的互动。三是履行代表职责，发挥代表作用。在区十九届一次、二次人代会上河底镇代表团提出议案、建议共计40条，在镇十一届一次、二次、三次人代会上河底镇代表团提出议案、建议共计90条，比如全面推进燕龛沟人居环境整治工程的议案、关于尽快启动里龙光峪村采煤沉陷区搬迁的议案等，区镇代表的积极作为，为河底镇下一步大建设、大开发、大发展奠定了扎实基础。

再如，旧街乡政协联络组在区政协的关心指导下，在乡党委、政府的领导下，紧紧围绕区委、区政府"争做转型发展表率，打造城乡融合样板"的目标，积极参政议政，履职尽责，为该乡社会经济发展贡献了力量。一是认真开展视察调研工作。旧街乡联络组按照区政协统一安排，紧紧围绕全区重点工作、重点任务，结合旧街乡工作实际，以"红色+绿色"为发展主线，组织政协委员先后到阳坡村粉条加工厂、路家庄豆腐厂进行视察。通过视察，委员进一步结合中心工作与旧街实际，撰写提案，为全区转型发展做出积极贡献。二是积极撰写社情民意。截至2022年6月底，旧街乡联络组共报送社情民意6篇，充分发挥了政协委员参政议政的良好作用。三是自旧街政协联络组开展"有事来商量"议事室工作以来，认真组织开展协商议事，紧紧围绕热点问题、重大任务、民生关切等具体事宜咨政建言，最终将议事成果反馈回乡镇党委，进一步发挥政协委员参政议政的职责。四是作用发挥显著。政协联络组和各位政协委员广泛参与人居环境改善、新冠疫情防控等重要工作，在工作中参加各类志愿服务活动、主动捐助各方面物资，为保障人民群众生命财产安全发挥了很好的辅助作用。

三 把议事协商融入日常工作中

议事协调能力建设的根本是要有成果。如果人大代表、政协委员等提出的议案、提案无人理会、没人办理，议事协商也就形同虚设，更会影响党和政府的形象和威信。只有把议事协商深度融入基层政府的日常工作，才能推动基层代表、群众的意见建议真正落到实处，实现议事协商在推动基层政权治理能力建设中的独特作用。比如，荫营镇坚持将议事协商能力提升工作融入日常工作，做到细化协商事项、拓展协商形式、培育协商主体。一是将涉及全镇经济社会发展、民生改善、社会和谐稳定等重要事项列入协商重点。例如，在三泉村拆迁安置工作中，组织村"两委"干部、党员村民代表、相关专业人士，开展协商18次，协商取得了良好效果。二是充分利用钉钉会议、微信等网上平台开展协商，疫情防控期间，通过钉钉会议与村（社）干部共同研讨工作10余次，推动了协商线上线下相融合。三是坚持党建引领，培育多元化主体，镇人大代表、政协委员积极参与议事，充分发挥了代表和委员在群众中的影响力。

第四节　夯实乡镇应急管理能力

乡镇是应急管理能力建设的"最后一公里",做好应急管理工作,重在平常,用在关键。不能因为没有危险存在、没有事故发生,就抱有侥幸心理、应付心态,忽视、轻视了应急管理工作。中国人常讲,"居安思危""防患于未然"。无论是洪涝、干旱,还是地震、火灾,都与群众的生命财产安全息息相关,作为最后一级执行机构,乡镇政府必须把应急管理能力建设放在更加重要的位置,常抓常管,抓出常态,管出长效。郊区各乡镇通过明确职责、健全机制,增强应急管理队伍建设,有力提升了应急管理能力,守住了应急管理"一排底线"。

一　强化属地责任,健全完善组织响应体系

应急管理涉及防汛抗旱、安全生产、抗震减灾、灭火救援等多项工作。为适应新时代应急管理工作,机构改革后,从中央到地方均对应急管理机构重新进行了整合调整。在乡镇,应急管理工作通常由安全生产职能转变而来,通常由年富力强的男性机关干部兼职负责,挂安监站(安委办)牌子,统筹推进辖区内应急管理工作。

以荫营镇为例。该镇现有企业130家,其中规上企业15家,镇企业以小散企业居多,监管面广,监管数量大,监管难度大。为做好安全生产、应急管理工作,该镇成立了以镇长为主任、各副镇长为副主任、镇直部门和各行政村为成员单位的安全生产委员会。安委会每季度召开一次扩大会议、每月28日召开一次安全例会、安监站每周一召开一次站务会。在会上研究解决安全生产中存在的重大问题,安排部署下一阶段的安全生产工作。镇安委会办公室每月出一期荫营安全生产信息简报,对政府工作、村级管理和企业动态进行全面梳理,对其中表现突出

的人和事进行表扬,对一些违规生产行为进行揭露和批评。按照"三级五覆盖"的要求,荫营镇23个行政村都成立了以主任为组长的安全生产领导小组,出台了"党政同责、一岗双责"相关文件,明确了支、村"两委"工作人员相应的岗位安全职责。按照网格化管理要求,每村由一名村委副主任或委员担任村级安全工作监督员,镇政府为各村印发了安全会议记录、安全检查记录、安全检查二联单及隐患排查台账,要求村级安监员每月对所属企业进行一次安全大检查,并填写检查意见书二联单和安全检查记录,在召集会议时做好会议记录。辖区23个村明确了自然灾害信息员,组建了微信工作群,负责对辖区自然灾害的应急情况进行报送,日常由镇农委口管理。2021年购置公网对讲机79部,组建了荫营应急通信网,实现了镇班子成员、相关站所和各村"两委"主干同网即时通信。

再如,河底镇政府进一步完善防汛应急预案,调整防汛指挥部,镇党委副书记、镇长担任总指挥,召开了全镇2022年防汛工作会议,对防汛工作做了详细的安排部署。会议进一步明确和细化了防汛指挥部各成员职责,要求严格按照上级党委、政府的相关指示精神,切实落实各项防汛措施。同时要结合实际,重点关注地质灾害隐患点,对于居住在危房中的群众做好"防、撤、抢"的准备。所有包村领导全部深入所包村开展督查工作,对于工作中玩忽职守、失职渎职的领导干部要严肃追究责任。为提高村民防灾自救意识,进一步熟悉应急处理程序,提高应急处置的快速反应能力,该镇在北庄村组织防汛演练。针对防汛人员缺乏实际工作经验的情况,邀请了老防汛工作者进行培训指导,有效提高了广大群众应对自然灾害的意识和技能。

二 明确工作职责,推进工作有效落实

虽然灾害、险情并不是时常发生,也不是每个乡镇都会有,

但应急工作必须抓在平常，有备无患。郊区各乡镇通过夯基础、建制度、强宣传、抓排查，多措并举，将应急管理同日常工作相结合，同步部署，同步推进，有效避免了灾害事故的发生，保障了人民群众生命财产安全。

以河底镇为例。2022年以来，河底镇认真贯彻区委、区政府及上级党委、政府决策部署和区安委会工作要求，通过抓实抓牢安全生产、自建房安全隐患排查整治、地质灾害防治等工作，保证了全镇安全形势总体稳定，为保障经济持续健康发展和社会和谐稳定奠定了良好基础。

（1）扎实推进安全生产专项整治三年行动集中攻坚。一是周密安排部署。专项整治开展以来，及时安排部署，制订行动方案，成立工作专班，细化责任分工，完善工作措施，严格落实三年行动任务清单，定期召开安全生产工作例会研究工作进展，推动解决重点问题，及时进行工作总结，确保专项整治各项工作抓出实效。二是宣传培训造势。组织镇、村"两委"班子集中观看《生命重于泰山》电视专题片，并深刻汲取忻州市代县大红才铁矿透水事故和吕梁市孝义市盗采煤矿发生透水事故惨痛教训，教育引导党员领导干部强化"人民至上、生命至上"理念，切实把安全责任扛在肩上、落在行动上；邀请山西阳光众安消防的有关专家，对机关全体人员进行消防安全知识培训，提升参会人员的防火安全意识和自防自救能力；深入开展"安全生产月"等宣传教育活动，现场发放企业安全生产、平安校园、食品药品安全、交通安全、消防安全、防火防汛、地质灾害防治等安全宣传资料1000余份，制作版面20余块，现场接待群众咨询500余人次。此外，积极入村、入企业、入学校开展各类安全宣传，使安全生产理念更加深植人心。三是强化督导检查。自2020年开展安全生产专项整治三年行动以来，主要领导带队检查56次，先后出动检查督查组121个，出动检查人员253人次，对辖区内工贸企业、非煤矿山、建筑工地等行业领域采取明察与暗访、定期与不定期相结合的方式，对生产现场、工艺、设备运行、职业病防治、消防器材配备以及企业安全生产记录、检修、培训记录、用工合同等方面进行全面检查，累计检查单位（村、企业）336家次，查出一般隐患498条，大都集中在警醒标志不完善、生产操作规程没上墙、生产人员没有及时佩戴防尘设备、特种作业人员未能做到持证上岗、氧气瓶与乙炔气瓶有效距离不足、电路杂乱部分电线裸露、机械防护缺失等方面，责令全部现场整改498条，整改率达100%。同时建立完善安全生产隐患登记台账，便于对限期整改的隐患进行跟踪回访，按照"谁检查、谁负责，谁主管、谁负责，谁签字、谁负责"的责任追究制，确保隐患整改到位。

（2）深入开展城乡自建房安全隐患排查整治工作。为深刻汲取湖南长沙居民自建房倒塌事故教训，按照市、区关于开展自建房安全隐患排查整治的工作要求，2022年5月7日组织召开了自建房安全隐患排查工作会议，安排部署有关工作，并为各村、社区发放了自建房管理办法和宣传图册200余份。截至2022年9月，全镇累计共排查自建房2826户，其中农村农户自建房2767户；城中村、学校周边用于经营自建房20户；乡镇政府3层以上、用作经营、人员密集的自建房36户；易发生群死群伤的其他自建房3户；未发现3类房屋。

（3）持续开展地质灾害防治工作。制定《年度地质灾害防治方案》，与区自然资源局签订《地质灾害防治目标责任状》，认真贯彻执行《地质灾害防治条例》，加强对防汛和地质灾害防治工作领导。在防汛期间，加强对险情的巡查，特别是已知的重要地质灾害隐患点，对危险区段设立警示牌，拉好警戒线，对处在活性滑坡体附近的居民，积极动员其避让。积极组织各村参加有关地质灾害防治培训，并在邓家峪村组织地质灾害应急演练。

（4）全力打好污染防治攻坚战。全面整改第二轮中央环保督察组反馈问题，整改率100%，重污染天气期间，不间断对工业企业应急减排措施实施情况进行检查，始终保持对"散乱污"高压打击态势，坚决杜绝死灰复燃和异地转移。在全镇范围内温河及其支流沿线开展涉煤企业专项执法检查行动，严禁工业废水、生活污水超标排放。全面清理沿河两岸积存垃圾及河道内多年形成的淤泥，累计完成河道清淤3.29万立方米，清理垃圾2.43万立方米，河道疏浚6.5万立方米，新建防护网11.712千米、标识标牌10个、渣场防护建设1座。持续开展河道清"四乱"专项行动，重点针对苇泊河、山底河、燕龛河三条主要河道内的杂物垃圾进行集中清理，有效保障河道水质。此外，针对镇区生活污水排放问题，在河底污水处理厂满负荷运行前提下，在污水厂院内将新放置一台应急处置设备。下一步，区政府计划在苇泊河下游修建一污水处理厂，选址已确定，现正在做可行性研究报告，修建完成后日处理污水能力预计将达到2000立方米，解决当前镇区生活污水排放问题。针对山底河生活污水排放问题，山底村计划在河道内修建污水收集管道，在下游放置一台应急处置设备，统一对上游生活污水进行处理。

三 建立统一指挥的应急管理队伍，加强应急物资储备保障

做好应急管理工作，人员和物资是最有力的保障。坚强的人员力量、充足的物资储备将使基层应急管理工作事半功倍，保证灾害、事故第一时间发现、第一时间消除，避免产生更大损失和影响。

比如，根据重点工作情况和乡镇特点，荫营镇依托涉及护林防火重点村组建有50人半专业灭火队，装备全套铁锹、打火刷、服装，常备手抛灭火弹500枚、风力灭火机4部。在森林高火险期全部在岗备勤，受镇林业站和区林业局双重指挥，近两年在旧街乡森林大火和辖区零星初期火灾中起到了积极作用。

在安全宣教方面，印发了荫营镇2021年安全生产月活动方案，制作宣传资料8000余份、各种标语400余条，按活动的"五进"（进企业、农村、社区、学校、家庭）要求动员人员300余人次、发放各类资料5000余份。在金利化工公司组织消防应急演练1次，参加人员80余人，提升了企业处置易燃物品导致初期火灾的扑救和应对能力。并邀请区安全宣教中心教师，对安委会成员就习近平总书记关于安全生产工作重要指示和新《安全生产法》进行专题培训。

再如，为进一步壮大抢险突击力量，河底镇成立18人的应急救援队伍；组织各村按照大村15人、小村10人的标准成立应急抢险分队，确保24小时快速反应，以最快速度最短时间抢救遇难人员。同时，储备应急防汛物资沙袋4500个，各类雨具300余套。累计投入150人排查出8处坍塌滑坡风险点，之后立即设置警示标志，并安排专人不间断巡逻。同时，排查出曹家掌村5户10人、山底村16户26人汛期存在住房风险。在曹家掌村设立了一个有50张床、能容纳100人的临时安置点，在山底设立了一个能容纳50人的临时安置点。苇泊、关家峪、北庄、曹家掌投入资金清理垃圾、疏通河道。出动各类机械14辆，清理河道2250米，清理垃圾320吨。燕龛村修建了140米的河坝方便汛期泄洪。

第五节 强化乡镇平安建设能力

平安建设水平是检验基层社会治理能力的关键指标。一个区域，社会安定和谐，平安建设水平高，则证明基层政府在社会治理方面采取了有效措施、取得了明显成效；反之，则说明社会治理效能还有待提高。

近年来，郊区牢牢把握抓党建促基层治理能力提升专项行动工作契机，通过推行农村网格化管理，着力增强乡镇平安建设能力，守护一方百姓安居乐业。[①]

一 加强阵地建设，发挥平台为民服务作用

平安建设的核心是为民服务，而阵地建设是平安建设的基础性工程，阵地平台建得好、作用发挥得好，有利于为群众提供周到细致的服务，也更有利于平安建设的稳步推进。在乡镇，一般建有统一的综治中心，中心可以兼具网格化管理、矛盾调解、信访事项办理等功能。有条件的地方，还将综治中心下沉到村级，设立有特色、有品牌的调解室，引导基层群众就近化解矛盾纠纷。

比如，平坦镇政府建有综治中心（矛调中心），设有矛盾调解室。各村均有矛盾调解组织，还有人民调解委员会、治安联防组织。近年来，平坦镇积极开展"综治中心规范化建设提升年"活动，探索社会治理新模式，用心用情用力服务群众，努力推动综治中心硬件和软件建设"双提升"，建立健全综治中心运行工作机制，通过"一站式服务一网式接受一揽子调处"，推动全镇平安建设深入开展，做到小事不出"网格"、难事不出村委、大事不出乡镇。一是构建"一站式"服务平台，以"让群众跑一次"为理念，高标准建设镇、村两级综治中心，实行"一站式"服务接待群众。二是构建"网格化"服务管理，常态化开展矛盾排查、治安巡逻、突发事件处置等工作，实现"一网式接受"，以"小网格"汇聚"大平安"。充分发挥"全科网格员"作用，累计上报事件2300余条，排查隐患60余起，开展敲门行动3次，累计入户9700余户，做到"小事不出网格"。三是构建"多元化"调处机制。健全完善人民调解组织机构，全力化解矛盾纠纷；设立"老余调解工作室"，充实矛盾纠纷调处力量，做到"一揽子调处"。自2019年"老余调解工作

[①] 作者于2022年6月在阳泉市郊区调研所得资料。

室"成立以来，累计调解纠纷案件210余起，化解矛盾360余例，群众满意率100%，被阳泉市公安局称为"调解状元"。

再如，李家庄乡综治工作中心办公场所设在人民政府旁边，中心设立了矛盾纠纷调处室、调度指挥室、心理咨询室、网格管理办公室，完善综治中心各项功能，"四室一厅"职能作用发挥较好。同时，建立完善各项规章制度，并配备必要的办公设备，规范上墙内容。甄家庄社区综治中心、汉河沟村综治中心组织机构健全，分工明确。网格员照片公示和工作职责上墙，标明照片、姓名、职务、联系电话、工作职责等内容，网格员配备统一的网格员工作服装、工作牌，主动亮身份、亮职责，群众知晓有事找谁办，完善网格员包片与群众心连心，工作中自觉接受人民群众监督。

还有，旧街乡以"综治中心规范化建设提升年"活动为契机，按照综治中心标准化要求，建成集群众接待大厅、网格管理室、矛盾纠纷调处室、调度指挥室、心理服务室为一体的标准化综治中心。同时组建旧街乡人民调解委员会，各行政村配兼职调解员2名。调解委员会积极组织开展民间纠纷排查调处活动，化解了大量民间纠纷，为维护辖区社会稳定做出了积极贡献。

二 坚持和发展新时代"枫桥经验"，推动群众诉求就地化解

阵地平台建设后，还要充分发挥其在社会治理中的积极作用，特别是要坚持和发展新时代"枫桥经验"，着力做好信访工作，保障群众利益，维护社会稳定。以李家庄乡为例。该乡始终把信访工作作为全乡整体工作中一项重要的工作内容，按照属地管理责任，从"减存量""控增量"和"防变量"方面入手，认真落实信访事项五个责任精神（即引发信访问题责任、信访事项化解责任、教育稳控责任、依法处理责任、责任追究

责任）和重点信访人员"五包一"工作责任制，小乡镇大信访的现象逐渐扭转，全乡信访形势总体可控。

一是成立乡信访工作领导组和"三零"创建工作领导组。为了推动信访工作开展，特别是零上访方案的落实，成立了由乡党委书记任组长，班子其他成员任副组长，成员包括各村党支部书记、公安、司法及有经验的干部以及各包村干部的工作领导组，聚焦重复访、越级访、集体访等突出信访问题，严格落实领导干部接访、约访、包案等制度，维护全乡稳定大局。

二是定期召开信访工作专题会议。定期召开党委会和支村"两委"主干会议，研究分析全乡信访形势，及时传达学习省、市、区委关于各个阶段信访维稳工作的要求和部署，特别是注重重要时间节点的工作安排。对全乡矛盾纠纷及信访隐患进行了全面排查，进一步做到精心布置、提前摸排、重点稳控，确保重要时间节点平稳过渡。

三是认真摸清底数，做到底数清、情况明。具体了解存在赴区级以上信访部门走访的情况。

四是定期开展矛盾纠纷排查工作。每月定期分行业和部门以及各村（社区）对辖区内矛盾纠纷进行认真排查并上报，对于新发生的信访事项，尽量化解在内部，想方设法增强吸附能力。

五是严格落实信访工作"五包一"工作机制。对于已经出现的信访问题，本着积极处理化解、不形成重大信访问题的原则，专人包案，详细了解信访产生的原因，合理诉求尽最大能力协调解决。对于暂时解决不了的问题和各类无理上访、缠访的人员，严格落实"五包一"工作机制，特别是重要时间节点，做到随时掌握行踪，随时处理突发事情。

六是坚持信访工作不定期排查和首问责任制。通过深入基层和日常工作，及时掌握信访性苗头问题，做到苗头性问题及时处理。同时，到乡上访的群众，落实首问责任制，只要有上访人员，第一个接访的不管是机关工作人员还是科级干部，先了解上访人基本诉求，然后根据诉求类别交分管领导、包村领导接待和处置，在全乡形成人人参与信访工作，不推、不拖的良好氛围。

三　完善社会治安防控体系，健全防范涉黑涉恶长效机制

社会治安是平安建设的重要内容，提高基层社会治安水平，则需要完备的防控体系和防范涉黑涉恶的长效机制。特别是作为乡镇一级，一些苗头性、突发性治安隐患多发、易发，必须采取严密措施，在隐患排查、问题处置等方面做到及时、高效、有力落实。

比如，荫营镇树立底线思维，做到"两个全面覆盖"，即"矛盾纠纷排查化解全覆盖"和"安全隐患排查整改全覆盖"。2021年以来，镇平安建设工作领导组坚持过程管理、结果导向，在明确各村（社区）党组织书记为第一责任人的基础上，充分调动辖区专职网格员、网格辅助员的工作积极性，突出工作重点，加大矛盾纠纷及安全隐患排查力度，共发现可能引发信访苗头的问题45条，其中较为严重的信访隐患3条，累计排查各类安全隐患88条，已整改86条，限期整改2条。对于网格员每日报送的网格信息，镇综治中心坚持"分类归口快办"的原则，由专人进行分类处理，能够由村（社区）及时化解处置的做到立即处置，需经镇相关部门帮助解决的在收到信息1小时内交由相关归口部门，特殊需要区级部门协调办理的，要立即向区综治中心报告，确保问题在镇综治中心分类归口不过夜，得到及时解决。

荫营镇还强化软硬件投入，完善"两个全力保障"。"两个全力保障"即完善"人防+技防"软硬件配置，切实降低区域案件发生率。一方面是加大人防力量。要求各村（社区）及单位组建专职巡逻队、门卫等队伍，建立完善"日台账日清查"

制度并严格督导落实，压实人员职责，不做表面文章，起到人防作用；同时，加强流动人口管理，摸清底数，建档立卡。特别是针对刑满释放人员、社区矫正对象、吸毒人员、易肇事肇祸的精神障碍患者等特殊群体人员，做到定期跟踪管理、加强心理疏导、帮扶矫正转化，有效预防因服务管理不到位引发的案件。另一方面是完善强化技防设施。按照上级智慧安防建设要求，依托公安"雪亮工程"，结合实际对全镇各村主要路段、重点部位安装视频监控。镇域范围内各村主要街道、路口及重要路段基本实现视频监控全覆盖，切实降低了案件发生率。

四 健全矛盾纠纷一站式、多元化解决机制和心理疏导服务机制

基层治理千头万绪，群众反映问题往往涉及不同领域、多个部门。做好乡镇矛盾纠纷调解工作，既要做到一站式服务，让群众少跑腿，还要加强公安、司法、民政、妇联等多元力量的整合，推动群众诉求高效办结，提高群众幸福感、满意度。

比如，李家庄乡以"矛盾纠纷多元调解中心"建设为核心，以创建"民主法治示范乡"为依托，整合司法、法院、公安、人民调解等相关资源，在全乡9个村（社区）全部完成公共法律服务室建设，并将相关内容和人员公示，在试点村开展"矛盾纠纷多元调解中心"建设，力求健全完善信访工作与法律服务、调解服务等对接联动机制，邀请律师、人民调解员、法官等参与，通过延伸信访、调解、诉讼"一条龙"，努力提升解决问题的效果。

李家庄乡坚持用发展的眼光、创新的手段学习和落实"枫桥经验"，依托全科网格发展平台，打造"一领四治"社会治理＋平安创建模式（即党建引领，推动自治、法治、德治、智治融合）。一是以自治"消解矛盾"。发挥群众自治组织自我管理服务的优势，发挥自治章程、村规民约、居民公约的自律规范作用，运用民事民议、民事民办、民事民管的办法解决人民内部矛盾。二是以法治"定纷止争"。推行"一村（社）一警一法律顾问"制度，驻村（社）民警担任党支部副书记和副网格长，打造个人品牌调解室2个，组建由党员、网格员、法律顾问、人民调解员、志愿者等组成的多层次矛盾纠纷调解体系。定期开展普法宣传，引导群众运用法治思维和法律手段解决矛盾问题。2021年全乡人民调解申请34起，调解成功33起，建议法院起诉1起，调解成功率97%。三是以德治"春风化雨"。吸收村（社）志愿者积极参与网格化管理工作，制定"服务菜单"，依托新时代文明实践站开展各类文明创建和志愿服务活动；开展移风易俗、道德模范评选活动，大力弘扬社会主义核心价值观，把社会和谐稳定建立在较高的道德水平之上。四是以智治"提质增效"。打造智慧安防小区，加强社会治理防控网建设，设立视频研判室，推进小区全方位监控无死角；运用村村享信息平台，把"脚板走访"与"网络对话"有机结合起来，推动更多社情民意在网上了解，矛盾在网上解决。

同时，李家庄乡发挥全科网格员作用，切实做到"群众有不满情绪必到、有突发事件必到、有矛盾纠纷必到"。围绕村级发展的重点事、群众反映的烦心事、村级治理的公共事，组织村民开展民主恳谈，实现重大的事"大家商量办"。积极推进"最多跑一次"改革向网格延伸，丰富村级便民服务中心办事项目，由网格员进行代跑办理，逐步实现群众办事不用跑。

再如，荫营镇围绕问题解决，推行"一站式"多元矛盾调处。积极统筹妇联、公安、民调、司法等力量共同发力，设置群众接待大厅、法律服务咨询室、心理咨询室等功能性办公场所，充分利用法律顾问、心理咨询师及镇司法所、派出所等机构及专业人员开展多元化矛盾调处，推动人民调解与行政调解、司法调解多元结合，努力实现"小事不出村、大事不出镇、矛盾不上交"。2021年，公共律师共免费为来访人员代写起诉状等法律文书40余份，协助处理信访案件2件。一批诸如"书明调解室""义红调解室""会鹏调解室"等基层特色矛盾调解室相继成立，以书明矛盾调解"六记六细"工作法为代表的特色调解办法不断创新使用，2021年全镇32个基层矛盾调解室，共调处各类矛盾260余件，基层成功化解238件，镇矛盾调处中心接待各类信访人员22批次，成功化解18批次。①

---

① 作者于2022年6月在阳泉市郊区调研所得资料。

第四章　发挥群众在基层治理中的主体作用

把基层治理同基层党建结合起来,一方面,发挥基层党组织领导作用,引导群众参与治理,以党组织的战斗堡垒作用和党员的先锋模范作用,带动群团组织、社会组织参与基层治理。另一方面,构建党组织统一领导、各级组织积极协同、广大群众广泛参与的基层治理体系。基层党组织建设的意义不仅赋予它在党的建设中以重要性,而且赋予它在乡村治理中以重要性。换言之,基层党组织在发展经济、动员和组织农民以及整合农村社会方面,发挥着比政权更为重要的作用。因此,推进乡村治理现代化的首要问题,是乡村基层党组织的建设问题。

党的十八大以来,我国不断完善基层社会治理体系,推动社会治理重心向基层下移,党的领导、人民当家作主和依法治国有机统一的基层治理体制机制正在形成,基层治理社会化、法治化、智能化、专业化水平不断提高,人民群众的获得感、幸福感、安全感持续增强。党的十九届四中全会决定强调,"健全基层党组织领导的基层群众自治机制,在城乡社区治理、基层公共事务和公益事业中广泛实行群众自我管理、自我服务、自我教育、自我监督"[①]。健全党组织领导的自治、法治、德治

[①] 《中共中央关于坚持和完善中国特色社会主义制度　推进国家治理体系和治理能力现代化若干重大问题的决定》,《人民日报》2019年11月6日第1—6版。

相结合的城乡基层治理体系,是构建基层社会治理新格局的内在要求。推进基层社会治理体系和能力现代化,必须完善基层社会治理制度,构建基层社会治理新格局,提高人民群众对社会治理的参与度。党的二十大报告提出,要健全共建共治共享的社会治理制度,提升社会治理效能,建设人人有责、人人尽责、人人享有的社会治理共同体。发挥人民群众在基层社会治理中的主体作用,积极引进社会力量参与基层社会治理,建立健全多层次多元化治理体系,坚持以人民为中心的导向,充分发挥和依靠人民群众的力量。

在这里,我们对阳泉郊区的创新实践分两个部分即基层群众组织的完善和社会力量的参与展开,并围绕如下内容。一是增强自治力量。发挥村(社区)党组织的引领作用,建立由基层党组织主导、整合资源力量、平战结合、为群众提供有效服务的新机制;发挥群团组织纽带作用,完善党建带群建、群建促社建的制度机制;发挥社会组织专业作用,解决群众多元多样需求;推动企事业单位发挥参与作用,履行好内部管理职责和社会责任;推动群众自发性组织发挥正向作用,促进其依法依规参与社会治理。二是明确自治任务。及时解决群众利益诉求、全力调处民间矛盾纠纷,防止小问题引发大风险;协同维护基层治安秩序,及时发现处置社会治安和公共安全隐患;关爱帮扶困难群体和特殊人群,让他们生活有保障、心理有安抚、发展有希望。三是创新自治方法。尊重群众主体意愿,推进议事协商程序化,提高村规民约执行力,增强自治规范性;组织服务力量,整合服务资源,运用好科技手段,增强自治高效性;要深化平战结合,将住地在职党员干部全员编入社区网格,加强联络沟通、提升应急处置能力,增强自治协同性。四是加强自治保障。加强组织领导,推动市、区、乡领导班子成员建立基层联系点制度;给社区减压赋权增能,充分发挥"自治强基"作用。

第一节　加强基层群众自治组织建设

乡村社会现代化发展动力内生于乡村现代化发展的规律，经过40多年的改革开放，我国乡村社会发生了巨大变化，这种变化主要体现在以下几方面。一是农村社会结构急剧变动。乡村治理现代化是嵌入在乡村社会结构与变迁之中的政治社会过程。随着我国改革开放和经济发展，农村城镇化速度大大提升，现代生产方式和生活方式日益渗透并影响农村，使得乡村社会已经成为从传统农业社会向现代社会转变的半工半耕、亦工亦农、城乡流动的"过渡型社会"。二是农村治理体系面临新的挑战。随着农村社会结构的变化以及流动性的增加，传统乡村的社会组织和治理结构发生了重要变化，合村并组、村改居等治理单元的改革探索不断出现，"半熟人社会""郊区社会"等成为这个过渡型社会的多样化形态。以村庄为治理单元的传统治理组织面临着结构性重组，原有的基于乡村熟人关系形成的熟人社会的治理规则受到强烈冲击和挑战，传统的治理主体、制度体系和流程技术，难以适应乡村结构性变化的新情况。三是农民思想观念发生显著变化。在市场经济和人口流动的条件下，社会矛盾发生变化，农民的传统观念逐步为现代新观念所替代。社会主义市场经济的平等、自主和契约观念逐渐取代传统的乡土意识和观念。

因此，乡村治理的思想、制度、政策和文化的改革创新，成为乡村治理回应和解决乡村发展和乡村振兴内生问题的必然途径，而乡村治理的现代化，则合乎逻辑地成为其取向答案。阳泉市郊区坚持问题导向，创新方式方法，通过强化组织领导、组织合力、组织管理，进一步突出政治功能、激发队伍活力。

一　基层党建引领乡村治理

农村基层党组织凝聚力的强弱直接关系着农村基层治理的

质量和乡村振兴战略的成效。

当前，党的农村基层治理面临着一些新情况新问题。一是一些农村基层党组织弱化。个别基层党组织和村委会之间还存在"二元"权力矛盾；乡村"精英"流失，治理人才缺乏，党员年龄偏大，"两委"干部过于年轻，这些都容易使党的基层组织力、影响力减弱。二是乡村治理体系不健全。在一些地区，乡镇党委的行政化事务下沉，村委会要完成繁重的行政事务，无暇顾及乡村内部治理，行政化倾向与"悬浮化"问题并存，甚至存在一些基层干部脱离人民群众的情况。三是利益诉求多元。随着农村经济社会的发展和农民人均纯收入的逐步提高，农村居民对公共服务的需求逐步提升。四是治理难度增大。社会流动性加大，农村空心化、农民老龄化、农户空巢化的现象明显增加，加之乡规民约效用降低，部分农民公德意识淡漠，有些地方封建迷信、黄赌毒等问题依然存在。

阳泉郊区针对上述情况，从实际出发，以党建为中心，进一步筑牢党在农村的群众基础，加强党对农村工作的全面领导，坚持以人民为中心，推进了农村社会有序发展。下面以阳泉郊区固庄村为例来说明。

近年来，阳泉郊区固庄村以村社治理和乡村治理试点工作为契机，定制度、立规矩，开启了党建立村、制度管村、民主治村、文明兴村的治理新实践，走出了一条独具特色的党建引领乡村治理之路。固庄村先后荣获"全国文明村""全国农村幸福社区""全国乡村治理示范村""全国村级议事协商创新示范单位"等多项国家级荣誉，接待全国25个省市400多批共计10万余人参观学习，承接全省乡村振兴示范创建专题培训，"固庄经验"走出山西走向全国。截至2022年上半年，全村总产值达到3900万元，集体企业8家，2021年集体经济收入320万元，村民人均收入达到21600元。固庄村的创新经验有如下方面。

第一,"三定一交账",实现党建立村。

针对对村干部约束不足、群众对村务工作不理解和不信任问题,固庄把加强党的领导纳入乡村治理新体系权力清单流程,建立各类组织向党总支汇报工作机制,形成党总支领导下的村务"三定一交账"制度。

给"两委"和党员定。坚持一切工作到支部,每年年末召开组织生活会,围绕村庄发展,"两委"成员和党员在会上述职,全体村民审议来年工作计划,表决修订完善各项管理办法,锚定全年工作方向。制定《党支部党员管理办法》《党员干部行为规范》《村民小组长和村民代表管理办法》等10项制度,明确党员干部"十要十不准"规范,把村干部的规矩立起来、严起来。对违反制度的干部,按照《村干部违反〈村规民约〉的处罚办法》,在普通村民取消一年福利的基础上加倍处罚,推动党员干部切实履职尽责。

聚焦群众期盼定。党总支带领党员和村民,成立党员志愿服务队、巾帼志愿服务队等10支志愿服务队,开展凝心、安心、贴心、爱心、暖心"五心"志愿服务110小时,及时解决群众急难愁盼问题56个。通过志愿服务,发现群众所需与管理难点,研究制定村民义务植树、养犬等相关规章制度,每项制度出台,都让村民参与表决,由村民说了算。目前已出台涉及村庄规划、村民福利、村民公约等72项制度,覆盖村民生活98%以上;全村通过义务植树,森林覆盖面达到70%。

给难管的人和事定。针对个别不理解的群众和难管之事,严格按照制度办事,将村民放在"村民代表""监督委员"等岗位上,引导"硬骨头"发挥所长,曾经违反《村规民约》的27户49名村民积极参与民事调解、庙会改革、宠物管理等难题治理工作,成为维护社会稳定的重要力量。

实行年终交账制。每年腊月二十八召开年终交账大会,由村支"两委"和集体经济组织的负责人对照年初规划事项汇报工作情况，没能兑现的要在会上总结反思，开诚布公讲问题。目前已连续召开14次"交账会"，党员和村民代表当"考官"，实地"判卷"、现场"改卷"，共同决定村庄十年规划、集体企业发展、《村务管理执行标准》修订等村级发展大事60余件，真正实现了"让群众明白，还干部清白"，激发出干部民主治村、廉洁用权的新动力，成为"清廉乡村"治理的亮点。

第二，"三管一挂钩"，实现制度管村。

针对小微权力监督、村务管理漏洞等问题，将原有的制度与试点工作以来新修订的制度有机融合，细化权力清单和群众行为要求，探索出"三管一挂钩"制度体系，并编成顺口溜《规范用权常说》，便于干部群众记忆。

用好"清单＋流程"，管好议事权力。在"四议两公开"的基础上，针对以往"提议"环节干部提议多、群众发声少，广泛性、全面性体现不充分的弊端，在"提议"前添加了"动议"环节；针对以往村民代表擅自做主、征求民意搞变通、打折扣的不作为行为，在"决议"之前添加"民议"环节，规定只有征求村民意见达到100%才能进行表决，民意"留痕"成为解决问题的关键一招，解决了开村民大会难、村干部作风不民主、村民代表不尽职等问题，打通了村民自治工作的"最难一公里"，获国家民政部"社会治理十大创新成果"提名奖。将党务和村务细化成30条权力清单，绘制出20张"流程"，清单与流程"一一对应"，并为每个清单流程设置了"一事一码"，村民扫描二维码就能"一目了然"，让小微权力在阳光下运行，有效避免村干部用权弹性过大、滥用职权、优亲厚友等问题。

创办《固庄周刊》，管好村民幸福账。村支"两委"创办《固庄周刊》，将党的路线、方针、政策，村级重大提议和决策、"三务""三资"等以通俗易懂的文字、图文并茂的形式呈现，一周一期，发放到户，让村民及时了解和掌握村里的大事小情，既实现了阳光政务，又提高了监督效力，真正实现了"让群众明白、还干部清白"。创刊至今已出版 260 多期，相关经验登载在一些中央和省、市主流媒体上。

编写《固庄村村务管理汇编》，管好村容村貌。村支"两委"结合试点工作和本村实际，深入研讨并广泛征求村民意见建议，修订完善了《固庄村村务管理汇编》，内容涉及村民日常行为、养老保障、户籍管理、村政公开等共 72 项。例如，实行"全民值日"卫生制度，通过网格化管理、村民自行打扫，每年至少节省了 20 万元清洁费，创造了没有专职保洁员的"省级卫生村"。村委会每年还对制度知晓度进行全村考核，举办制度知识竞赛，引导干部群众全面掌握。

将遵守制度与村民福利挂钩。对遵守制度的村民，可按制度享受福利，违反制度将取消或缓发其福利待遇，要想恢复，必须在村民大会上做出检查，经表决通过后方可恢复。截至 2022 年上半年，161 户 322 名村民已经领到福利。这一举措有效解决了村民对于制度答应不落实、落实不走心的问题，促进了村内和谐。

第三，"三优一论坛"，实现民主治村。

为调动群众积极性参与乡村治理，用正向激励的办法，为村民提供"一居八免六奖两补一金"的"五项幸福账单"，真正做到"发展为了人民，发展依靠人民，发展成果由人民共享"。

优化物质富裕，保障民生之本。壮大集体经济，采取企业融资担保、村民筹资等方式先后建起耐火材料厂、纯净水厂、旅游公司、物业公司、加油站和乡村教育培训中心等集体企业，为村民提供"家门口"就业机会，2021 年集体经济收入达到 320 万元，提供就业岗位 120 余个。同时，投资 2 亿元为全体村民新建能"拎包入住"的馨固庄园小区，免费提供日常福利、合作医疗、有线电视、养老人保、型煤供应、春节就餐、庙会物品、净化水等福利，同时成立馨固庄园物业管理公司，参考多层物业标准收取费用，解决17人就业，实现了农村社区的现代化管理。

优化精神富有，树立模范标杆。投资10万元翻新"初心园"，建立红色年谱厅、党建工作站、党群联络站、暖心服务站、群团工作站、新时代文明实践站"六个站室"，建设党政廉洁庭院，通过开展一系列评比活动，颁发家庭和谐奖、先进个人奖、先进集体奖、文生家庭奖、十二星文明户奖、致富能手奖等"六项奖励"43个，涉及村民329人，拓宽"三治"载体，推进移风易俗、建设文明乡风。

优化帮扶措施，提升治理实效。对大病住院村民，除执行"新农合"报销政策外，余下部分村委会给予20%的经济补贴；将养老金与十二星级文明户奖惩相结合，荣获"十二星级文明户"的家庭每月每人增加175元，并逐年递增，1500元封顶；长期陪侍80岁以上老人，村委会给予500—1500元不等的补贴，每位老人实现"老有所养、病有所医"。

开设"固庄论坛"，解决干群诉求。探索推行"党建统领、专家指导、干部点评、群众互动、法治保障"的基层治理新模式，每季度让干部、群众把不清楚、想解决的事提交到论坛，定期邀请专家，聚焦农村"三块地"、集体经济合作社收益、党建引领下的自治村务问题等涉农事项、热点问题开展讨论，形成了论坛一个课题、解决一批问题、破解一大难题的运行格局，吸引周边村干部群众前来"取经"。截至2022年9月已开设"固庄论坛"8期，解决了农村土地规范使用、股民分红、村务自治规范化管理等五大类难题。

第四，"三评一承诺"，实现文明兴村。

为有效革除封建迷信、家族矛盾、高价彩礼、厚葬薄养等弊病，改善村风，弘扬正气，开展"移风易俗""十二星级文明户""致富能手"评比和干部、党员、群众全员承诺。

开展"移风易俗"评比活动。近年来依据制定的《庙会改革实施办法》《家庭才艺节实施细则》，将传统庙会唱大戏变革为家家参与、人人献艺的家庭才艺大比拼，已连续成功举办5届，节约村级开支60余万元，群众参与率达到93%，丰富了农村文化生活，将社会主义核心价值观潜移默化融入群众生活中。

开展"十二星级文明户"评比活动。坚持物质奖励与精神奖励相结合，把"十二星级文明户"评选与推进移风易俗、弘扬良好家风相结合，与村民养老金挂钩，内容涉及爱党爱国、遵纪守法、孝老爱亲等十二个方面，月评比、季考核、年评比、届表彰，创建"十二星级文明户"一条街，展示星级文明户照片、事迹，充分发挥乡贤道德感召力量和身边榜样示范带动作用，引导人民向上向善，评选至今已表彰110户，群众文明素质进一步提高，村风民情焕然一新。

开展"致富能手"评比活动。结合发展壮大村级集体经济专项行动，采取"请进来"和"走出去"的办法，定期组织村民参加技能培训，定期带领村民参观考察，定期开展评比活动，成绩优秀的可以优先到纯净水厂、旅游公司、物业管理公司、乡村教育培训中心等村办企业上班，这大大激发了村民积极性，达到了集体经济和人才留村的双赢。已评选26名"致富能手"，村庄致富带富能力有效提升，形成了"先富带动后富"的良好局面，村民年均收入增速超过10%。

干部、党员、群众实现全员承诺。把党的领导机制、"两委"协调机制、党内民主机制和村民自治机制融合在一起，结合"我为群众办实事"实践活动，在干部、党员、村民代表、家庭中大力开展民主承诺、公开亮诺、行动践诺、严格督诺、综合评诺的"五诺"行动，号召全村以家庭承诺的方式立家教、树家风、传家训，并相互促进、互相监督。截至2022年9月，全村45名党员28名村民代表365户全部签订承诺书，解决村级实事、难事30件。"全员承诺制"使干部群众主动给自己戴上

"紧箍咒"，找到了民意"最大公约数"，在乡村治理实践中完成了自我管理、自我教育、自我监督、自我服务，切实打通了服务群众的"最后一公里"。①

二 加强村（居）民委员会组织规范化建设

坚持党组织领导基层群众性自治组织的制度。建立基层群众性自治组织法人备案制度，加强集体资产管理。规范撤销村民委员会改设社区居民委员会的条件和程序，合理确定村（社区）规模。发挥村（居）民委员会下设的人民调解、治安保卫、公共卫生等委员会作用，并做好相关工作。完善村（居）民委员会成员履职承诺和述职制度。

近几年来，阳泉市郊区各乡镇十分重视以党支部为核心的村级组织配套建设，发挥基层党组织与党员的引领带动作用，村（居）委会在组织建设、运行机制、监督机制等方面的规范化程度都得到了明显提升，为村（居）民自治活动的有序开展和质量提升创造了坚实的组织基础。加强村（居）民委员会规范化建设，首先应当以基层党组织为引领，发挥基层党组织的政治领导力、思想引领力、群众组织力、社会号召力，不断提高村（居）民委员会建设标准与规范程度。

例如，南沟村本着先党内再党外、先党员后群众的工作思路，采取了体系构建到位、程序规范到位、制度保障到位的"三到位"工作方法，在权力运转、程序规范上下功夫，通过优化工作程序，规范了干部用权，方便了群众办事。根据新颁布的《基层党支部工作条例》《村民委员会组织法》《物权法》等相关法律法规，坚持在基层党组织的领导下，协调运转好党支部、村委会、村务监督委员会和其他经济组织之间的关系，明确各自的职责和义务，通过健全党员大会制度、村民会议和村

---

① 作者于2022年9月在阳泉市郊区调研所得资料。

民代表会议等决策机构相关制度,构建共同治理体系。① 具体工作思路是"一个中心两类执行"。"一个中心"是党的建设,加强四个方面,包括全面从严治党、坚持问题导向、加强党的领导、增强两个治理(治理体系和治理能力现代化)。"两类执行"就是在村党支部的领导下,村委会和理事会作为农村基层工作的两个执行机构,村委会负责公益事业、公共服务、改善民生、公共事务的具体实施,理事会负责本村经济事务、三资管理等工作。②

除了突出党建引领外,还要关注标准化建设,以书面化、制度化的标准形成对村(居)民委员会及其成员的"硬约束"。阳泉市郊区乡镇许多村庄、社区推出了针对村(居)委会成员行为、成员素质的规范性文件,要求村(居)委会成员加强自我管理、自我约束,严格按照程序管理村级公共事务,以廉洁、高效为标准,不断提升村(居)委会成员队伍及其行为的标准化、规范化水平。

例如,河底镇推出《阳泉市郊区河底镇农村(社区)干部管理制度(十条)》和《阳泉市郊区河底镇农村(社区)干部履职承诺书(十条)》的"双十条"措施,将涉及村民利益、财务收支、公章使用、履职尽责以及关于信访维稳、护林防火、打击私采、安全生产、疫情防控等底线和重点工作写在纸上、挂在墙上,组织村(社区)"两委"班子全员签字承诺并在镇办公大楼公示,给干部戴上了"紧箍咒",倒逼责任落实。同时,建立年初承诺亮诺、年中督诺比诺、年底践诺评诺考核机制,考核结果同薪资待遇挂钩,提高了工作积极性、主动性。③ 据此,河底镇中佐村制定了中佐村村民自治章程和村干部廉洁

---

① 作者于 2022 年 6 月在阳泉市郊区调研所得资料。
② 作者于 2022 年 6 月在阳泉市郊区调研所得资料。
③ 作者于 2022 年 6 月在阳泉市郊区河底镇调研所得资料。

履职权力清单、负面清单以及权力运行流程、便民服务流程的"一章两单两流程"制度体系。建设清廉干部队伍，"两委"班子成员均签订《党员干部廉政建设承诺书》，实现业务工作与廉洁自律同部署、同责任、同考核，切实把权力关进"笼子"，使廉洁从政成为党员干部的行为自觉。① 李家庄乡汉河沟村推行"三章三约四个十、清单流程两办法"制度体系，形成35条村级权力清单、"权力运行流程图"，编印成册、发放到户，干部照单用权，村民按图办事。制定村级组织职责清单、任务清单和干部岗位职责清单、任务清单以及村干部履职负面清单、问题清单，公示上墙，接受监督。② 旧街乡南沟村集思广益，充分讨论，采用"三结合两区分"的办法，做到权力职责事项清楚明白、程序服务事项重点覆盖。一是与村规民约和自治章程的制定和修改相结合。通过修订行为规范，做到村民自治事务规范化。二是与民风习俗和公序良俗相结合。充分考虑民间习俗，约成风尚，做到村民普通行为道德化。三是与法律法规相结合。及时与部分区直行政执法部门和机构沟通联系，明确村级权力的来源、依据和操作程序，做到依法治村法制化。梳理区分出权力型管理事项16条，程序性村级服务事务5条两大类内容，真正形成了法定权力公开用、民生权利规范用、特殊权利民主用的工作局面。③

此外，针对村（居）民委员会成员，不但要做出制度上的约束，也要注意以绩效、报酬等方式对自治组织成员进行激励与规范。郊区各乡镇许多农村、社区重视对"两委"主干岗位酬劳、待遇标准化，力求做到公平、公开、透明。旧街乡是实行这一策略的典型乡镇。旧街乡认真落实政策规定，岗位报酬

---

① 作者于2022年6月在阳泉市郊区河底镇调研所得资料。
② 作者于2022年6月在阳泉市郊区李家庄乡调研所得资料。
③ 作者于2022年6月在阳泉市郊区旧街乡调研所得资料。

按上级规定确定，原则上不低于当地农村劳动力平均收入水平或农村居民人均可支配收入的两倍。"两委"主干岗位报酬由乡镇党委、村民代表会议审核确定。坚持公平合理、绩酬挂钩的原则，对村"两委"主干实行基本报票报酬和绩效报酬，将岗位报酬的30%作为绩效报酬，实现"以绩定级、以级定酬、级酬挂钩"。①

健全村党组织领导与村民自治的互动机制，一方面要始终坚持"围绕中心抓党建，抓好党建促发展"的理念，坚定不移突出党建引领，把党的各项任务落实到基层、推进到一线，努力让党的基层执政根基坚如磐石。另一方面要始终把"党建引领基层治理"的任务贯穿于工作的各个方面，把党的政治优势、组织优势、队伍优势转化为工作动能、发展势能、治理效能。

在阳泉市郊区，"一肩挑"成为健全村党组织领导与村民自治互动机制的重要举措。通过提高"一肩挑"比例，进一步推动村"两委"班子成员交叉任职，提高村民自治组织成员综合素质、政治站位、群众工作能力。例如，平坦镇在村"两委"换届方面，严格按照省、市、区关于村（社区）"两委"换届工作的安排部署，主动扛起抓好村"两委"换届的政治责任，2021年10月底前圆满完成了村"两委"换届工作。换届后，全镇村"两委"班子在年龄、学历、"一肩挑"、能力等方面都达到了预期目标。全镇村"两委"班子63人，平均年龄43.3周岁，党组织委员42人，村委会委员36人，交叉任职15人，占比23.8%。大专及以上学历26人，占比41.3%；高中及以上学历43人，占比68.3%。45周岁及以下36人，占比57.1%；35周岁及以下15人（每村至少1人），占比23.8%。女性15人，占比23.8%。10个村除2个村为下派党组织书记外，其余8个

---

① 作者于2022年6月在阳泉市郊区旧街乡调研所得资料。

村党组织书记全部通过法定程序当选村委会主任，顺利完成"一肩挑"，比例达到80%。①

党的十八大以来，阳泉郊区村级党组织建设得到大力加强。村级组织如村党支部、村委会、村民代表大会和驻村工作队、第一书记等，其权力整合和权力运行，都是在村党支部和第一书记的领导下开展的。由此带来基层党组织权力与各种村民自治组织权利、村民自发自组织权利的互动协调问题，在乡村振兴大力推进、村级党组织权力进一步强化的新发展阶段，这一统合协调问题更加凸显。如上级下派的第一书记与村原党支部书记、村党支部与村委会、村"两委"班子与村民代表大会的协调问题等，都对未来村级党建工作中组织建设和制度建设提出挑战。

三 健全村（居）民自治机制

近年来，国家加大精准扶贫和乡村振兴工作，党政权力下沉乡村社会的力度进一步加强，村级党组织被赋予更多的责任，进一步加大了村民自治组织的行政化倾向（如村级干部由乡镇政府统一管理考核并配发工资）。加之进入乡村社会的各种工程项目繁多，村级干部日益忙于承接和应付来自上级党政的各种任务和考核，村级组织（包括村党支部和村委会）代表乡村利益和乡村自治的力度可能会减弱，村民自主参与乡村治理的积极性也可能进一步衰减。

针对上述问题，阳泉郊区大力健全村（居）民自治机制，要形成完善的村（居）民权益保护机制、基层民主运转机制，不断增强村（居）民自我管理、自我教育、自我服务的能力。需要不断加强的方面包括：强化党组织领导把关作用，规范村（居）民委员会换届选举，全面落实村（社区）"两委"班子成

---

① 作者于2022年6月在阳泉市郊区平坦镇调研所得资料。

员资格联审机制，在基层公共事务和公益事业中广泛实行群众自我管理、自我服务、自我教育、自我监督，拓宽群众反映意见和建议的渠道。聚焦群众关心的民生实事和重要事项，定期开展民主协商。完善党务、村（居）务、财务公开制度，及时公开权力事项，接受群众监督。强化基层纪检监察组织与村（居）务监督委员会的沟通协作、有效衔接，形成监督合力。村民自治的实现有赖于民主决策机制的健全。只有形成了完善的基层民主决策机制，才能使村（居）民合理地表达意见与建议，使基层自治更加贴合群众需求，在民主实践中迸发出更强的活力。

在阳泉郊区，许多农村（社区）进行了自主探索，创造性地形成了"六议两公开"等民主决策机制，为村（居）民广泛参与、协商议事提供了途径。例如，河底镇固庄村在"四议两公开"工作法的基础上，增加了"动议"和"民议"环节，形成了"六议两公开"工作模式，解决了村民大会难召集、干部独断专行、村民代表不尽责履职等问题。全村开展干部、党员、村民、家庭的全员承诺，让德治保障法治，促进依法治村、以德治村的乡村治理模式。"六议两公开+全员承诺"工作模式荣获国家民政部提名"2015年社会治理十大创新成果"。创办《固庄周刊》，管好村民幸福账。2014年，村党支部、村委会主办《固庄周刊》，国家政策法规、村里的大事小情、财务、党务、村务都刊登在上面，实现了阳光村务，又提高了监督效力，真正实现了"让群众明白、还干部清白"。例如，河底镇中佐村开展"征民意、察民情"活动，设立"村民意见箱"，每半月开箱一次，由专人管理并收集群众意见、诉求、建议，并建立台账，组织支村"两委"会议定期会商研究，解决群众急难愁盼的问题。并以开展"摸实情、送政策、解难题、促发展"大调研为契机，开展"清风户户行"活动，重点围绕集体经济发展、惠民政策落实、民生问题解决、干部作风转变等任务，采取"走、听、研、办"的方式，抓好对照检查，分类梳理出拖欠村民工资、村容村貌整治、集体经济发展、饮水安全隐患、干部作风建设、基础设施维护等方面的问题，累计收集群众意见建议 70 余条，召开会议研究 7 次，解决痛点难点堵点问题 9 个，进一步拉近党群干群关系。① 再如，旧街乡南沟村坚持党建引领三治融合，在基层治理中，首创并实施"听证会+议标"制度，重大事项要通过听证议标、一般事项要通过民主表决制、民生事项要通过流程引导制，充分发挥"四支队伍"的监督检查作用，初步达到了"立足标本兼治、推进绩效评价、统筹组织实施、提升治理效能"的"双闭环"目的。近年来，特别是新一届村"两委"班子组建以来，没有发生过一起信访案件，村情相对稳定，为南沟村经济社会发展营造了良好的环境。②

村务公开和民主管理制度，为促进农村改革、发展和稳定发挥了重要作用。深化民主管理，则意味着加强对基层群众的约束，维护农村、社区秩序，完善公开办事制度，管理基层公共事务和公益事业，对干部实行民主监督，实现"管人、管事、管权"。在党建引领基层治理的实践中，郊区村庄、社区结合自身实际，形成了使群众认同管理、干部接受监督的一系列民主管理机制。例如，李家庄乡甄家庄社区精心打造"一领三治"的综合治理工作模式。2020 年，甄家庄社区结合"三零"创建要求，根据实际，创出了具有甄家庄特色的"一领三治"综合治理工作模式。在一系列自治制度修订完成的基础上，让广大群众以自治为基础、德治为引领、法治作保障，来共同维护全小区的和谐发展。成立了首家集公共法律服务、治安管理、矛盾调解为一体的"矛盾纠纷多元化解中心"，为广大居民提供服务项目，并开设道德讲堂、法律讲堂，定期邀请教师、律师前

---

① 作者于 2022 年 6 月在阳泉市郊区河底镇调研所得资料。
② 作者于 2022 年 6 月在阳泉市郊区旧街乡调研所得资料。

来授课宣讲，不断提高德治和法治的影响力、渗透力，增强群众的法律意识和法治素养。经过一段时间的实施，实现了零上访、零事故、零案件，综合治理初见成效。①例如，旧街乡南沟村制订工作流程图，使村干部权力在阳光下运行，使村民明白办事所需环节、所走程序、所备资料等，极大地方便了群众办事，从根本上解决了以前群众办事过程中程序难懂、人员难找、事情难办的难题，全面提高了办事效率和服务质量。针对村集体容易出现的廉政风险，自2019年以来，南沟村实行了"两清单双闭环"工作机制，特别针对村级资金、资产、资源、其他行政管理事项及申请类服务事项，制定了28条权力清单，针对审核核准、工程管理、民生领域、用人用工四大类制定了16条监督清单。为了保障权力清单和行为规范的实现，南沟村先后制定了《党员积分管理办法》《民主评议干部管理办法》《红白理事会管理办法》《重大事项听证制度管理办法》等相关制度，从制度上保证了权力的规范运行。南沟村坚持党务村务信息公开化。按照规范化、程序化、制度化的要求，村"两委"制定了党务公开制度、村务公开制度、财务公开制度、工程公示制度等一系列监督制度，这些制度的建立和完善使所有村务都在村民的及时有效监督之中，形成了事前超前监督、事后检查监督的良性监督机制，扩大了村民的知情权、参与权、决策权和监督权，规范了村干部的权力运行机制，进一步提高了村民群众的满意度。②

乡村治理的现代化，需要以完善的治理制度优化和创造乡村社会的公共秩序，激发乡村社会的发展活力，促进制度规则与人的现代化的同步协调发展。在这之中，需要特别重视构建和强化制度的执行机制，使制度切实成为治理的抓手，并转化

---

① 作者于2022年6月在阳泉市郊区李家庄乡调研所得资料。
② 作者于2022年6月在阳泉市郊区旧街乡调研所得资料。

为治理的效能。

在改革开放进程中，乡村经历了长期的制度改革，其中很多制度改革甚至构成了中国改革的起点和基础，不过，相对于全面建设社会主义现代化国家的要求，乡村仍然需要进一步深化改革和完善既有制度，创新发展乡村治理制度，解决一些突出问题，如城乡二元的户籍制度与进一步深化改革的制度路径问题，乡镇级政权组织与村级自治组织有效对接的制度优化问题，乡村党组织总揽全局、协调各方的体制机制问题，党的基层组织与乡村其他治理主体之间联系和互动的优化机制问题等。

四 增强村（社区）组织动员能力

增强村（社区）组织动员能力，是提升基层治理效能的关键。要健全村（社区）"两委"班子成员联系群众机制，经常性开展入户走访。加强群防群治、联防联治机制建设，完善应急预案。改进网格化管理服务，依托村（社区）统一划分综合网格，明确网格管理服务事项。只有完善组织动员能力，才能最大程度集中优势资源，推动基层治理水平总体发展；只有完善组织动员能力，才能让群众在生活中感受到凝聚力，感受到对村（社区）的认同感；只有完善组织动员能力，才能优化村（社区）文化环境和社会关系，促成和谐、合作的基层新风尚。

在阳泉郊区的基层实践中，志愿服务对增强村（社区）组织动员能力的作用受到高度重视。增强村（社区）组织动员能力，注重多组织合作，发挥各组织特有优势，挖掘民众组织蕴含的组织动员空间，既可推动组织动员能力深入生活，又有利于实现组织动员能力长效、稳定提升。例如，河底镇苇泊村志愿服务站成立于 2020 年 8 月，该站成立以来，共招募志愿者 53 人，志愿服务 289 人次，累计时长 6370 多小时，在服务社会、传播文明等方面发挥了积极作用。苇泊村志愿服务站立足本村实际，大力弘扬"奉献、友爱、互助、进步"的志愿精神，不断开拓工作领域,以农村志愿服务为着力点,志愿服务活动向着持久、规范、制度化的方向发展。志愿服务领导组对志愿者行动进行规范管理,严格按照《注册志愿者实施方案》,以"创建文明城市,做一名注册志愿者"为主题,开展了志愿者注册活动,并建立了电子档案。在实施过程中制订详细的工作计划,对工作进行统筹安排,并不定期召开工作例会,及时总结志愿者服务中的经验和不足,适时调整工作计划,集思广益、群策群力、有效服务,保证了各项活动的顺利开展。苇泊村已在清洁街巷、护林防火、疫情防控、维护治安、帮困服务、科普宣传、计生服务等方面开展了大量活动,实实在在为社区居民提供优质志愿服务。[1]

五 优化村(社区)服务格局

基层自治组织与群众距离最近,在服务群众的序列中也占据首要地位。良好的基层治理必须关注基层群众的具体需求,优化服务格局。优化服务的特殊性在于其日常性,即通过优化服务让群众在日常生活中能够随时感受到基层治理效能提高,能够在不知不觉中增强获得感和幸福感。在国家治理现代化发展大势下,优化具有高度日常性的村(社区)服务对于完善治理格局、提升民众认同具有重要的现实意义。良好的基层服务格局,首先要优化人居环境,完善群众生活设施和文娱设施,建设高品质生活空间。

区级政府要规范村(社区)公共服务和代办政务服务事项,由基层党组织主导整合资源为群众提供服务。推进城乡社区综合服务设施建设,依托其开展就业、养老、医疗、托幼等服务,加强对困难群体和特殊人群关爱照护。加强综合服务、兜底服务能力建设。完善支持社区服务业发展政策,采取项目示范等

---

[1] 作者于 2022 年 6 月在阳泉市郊区河底镇调研所得资料。

方式,实施政府购买社区服务,鼓励社区服务机构与市场主体、社会力量合作,推进社区服务标准化。例如,旧街乡旧街村全面动员抓整治,党员带头抓提升。充分利用村大喇叭、党员微信群、张贴公告、发放宣传材料等宣传媒介,广泛宣传农村人居环境整治的目的和意义、人居环境整治的工作重点和措施及已取得成效,深入动员组织广大干部群众积极投身参与集中整治,形成"两委"主导、主任负责、党员群众为主体共建美好家园的浓厚氛围和清理整治热潮。以党员服务和文明实践为平台,组织开展党员带头的志愿服务活动和"美丽我家、美丽我院"创建共建人居环境村的文明实践活动,并大力动员全村党员带头开展村庄人居环境清洁行动。将改善农村人居环境与村社治理新体系《村规民约积分量化管理办法》有机结合起来,首先,整洁规范。(1)做到"四净",即地面、墙面、灶台、厕所干净加2分。(2)做到"两齐",即院坝农具物品摆放整齐、屋内生活用品家具摆放整齐,窗明几净加2分。(3)规范柴草、土堆、煤堆加2分。(4)规范畜禽圈养加1分。其次,院落美化。(1)房前屋后无杂草、卫生整洁加3分。(2)庭院栽花植绿,花卉苗木品种多样加2分。村党员成为村容村貌整治的排头兵,起到了以点带面的示范效应。突出重点抓整治,人居环境抓效果。坚持问题导向,以农村人居环境薄弱环节为突破口,加快补齐短板,确保整治工作取得实效。全面推进"垃圾革命"。以全域无垃圾专项行动为抓手,以创建清洁村庄全域覆盖为目标,扎实推进集中治理和攻坚行动深入开展,进一步改善农村人居环境基础设施建设,逐步改造提升乡村整体风貌,坚持以乡村规划为引领,抓好乡村建设,不断改善人居环境,取得了初步效果,形成了家家户户致富的良好氛围。①

---

① 作者于2022年6月在阳泉市郊区旧街乡调研所得资料。

优化基层服务格局，要充分发挥好基层自治组织在矛盾调解方面的作用。基层群众日常矛盾存在数量多、情况复杂、涉及钱财物规模较小、社会网络密切的特征，因此只有发挥好基层对于矛盾调解的积极作用，才能建立良好的邻里关系，也才能建立良好的社会秩序。同时，优化基层服务格局，尤其要重视优化基层经济服务。经济服务事关群众生活质量和未来发展，对于提升基层治理效能有着提纲挈领的作用。特别是对于乡村地区而言，基层自治组织更需要注重基层经济服务发展，关注经济服务的透明性、公开性、参与性和有效性，以经济服务推动乡村振兴。

在新时代，推进和完善以现代化为根本取向的乡村治理体制，需要在党的集中统一领导下，凝聚政府、社会和村民多方力量，完善村民自治体系，将村民自我管理与党和政府对于乡村的有效治理、乡村发展活力有机结合起来，在乡村实现高质量发展的过程中，实现高效能的治理。

一是以"自治"为治理基础。村民自治是中国全过程人民民主的基层民主的重要内容。在实施村民自治过程中，要突出村民的主体地位，完善民主选举、管理、决策、监督机制，尊重村民意志，激发村民的治理活力。

二是以"法治"为制度保障。法治是一种强制约束，是自治基础上的进一步规范。强化法治保障，不仅要强化基层治理的法治思维，保障村民参与乡村治理的权利，维护村民的合法权益，还要对村民进行深入的法治教育，提升村民遵纪守法意识，引导村民运用法律手段解决矛盾纠纷，表达合理诉求，以此夯实乡村治理的法治基础。

三是以"德治"为伦理建构。通过大力弘扬中华传统美德，大力发掘乡规民俗和家风家训的治理功能，塑造淳朴文明的乡村社会新风气。

四是以科技手段为支撑。乡村治理现代化是一项系统工程，需要发挥治理体系、治理技术和治理资源等多方联动、系统整合的治理效应。为此，需要充分运用互联网、大数据、智慧治理等现代技术手段和科学治理理念，提升乡村治理的精细化、精准化程度，提高乡村治理的智能化和专业化水平。

五是提升乡村善治能力。乡村善治不仅体现在为乡村振兴和公共秩序构建提供稳定的环境，还体现在要回应人们日益增长的美好生活需求和期待。因此，要强化治理责任，将乡村发展和治理作为基层干部考核和提拔的依据，强化履职尽责意识；同时，要加强乡村治理在经济发展、公共服务、公共安全等方面的服务能力，提升服务意识。此外，要加强对乡村党务、村务等工作者的队伍建设，建立乡村基层干部的常态化、专业化、综合化的培训制度，提高乡村治理队伍的专业知识和治理能力。

山西阳泉郊区：高质量推进党群服务中心网络体系建设[①]

山西阳泉市郊区以抓党建促基层治理能力提升专项行动为契机，聚焦高标准打造区、乡、村（社）三级党群服务中心阵地，积极推进全区党群服务中心网络体系建设，打造有温度、受欢迎、聚能量的党员群众温馨家园，不断提升资源融合度、功能实现度、群众满意度。

聚焦"功能定位"，着力建好"主阵地"

郊区区委党建领导小组、区委常委会专题研究中办《关于加强和改进城市基层党的建设工作的意见》，结合实际进一步明确党群服务中心的功能定位。

加强顶层设计。制定《构建全区党群服务中心网络体系引领基层党建高质量发展的实施方案》，成立由区委书

[①] 作者于2022年6月在阳泉市郊区调研所得资料。

记任组长的工作领导小组,以"书记一号工程"研究落实措施。将党群服务中心网络体系建设纳入全区组织工作要点,创新布局体系化、功能综合化、服务实体化"三化工作法",并挂牌成立全市首家青年人才党委。

明确目标任务。锚定构建"1+6+N"党群服务中心网络体系,明确"一年打基础、两年全提升"的目标思路,率先在全市建成区级党群服务中心,乡镇、村(社)实现全覆盖并进入巩固提升阶段,上下贯通的三级管理框架基本形成。

层层压实责任。压实区委组织部牵头责任,指导各乡镇逐个制订建设计划,落实建设任务,定期调度建设进展,并召开专题会议研究解决资金、场所资源不足等问题,确保党群服务中心建设按期、按质、按量完成。

聚焦"功能设置"着力绘好"同心圆"

整合郊区行政审批中心和便民服务中心资源,以党建为引领,强化"四大功能",给党群服务阵地"赋能"。

突出政治功能。开展党员宣誓、党组织生活示范、百年党史展示、非公企业(社会组织)党组织孵化等,利用VR高科技设备和环影影院,打造"声光电一体化党建"宣传阵地,情景式接受党性教育。

发挥文化功能。开展优秀传统文化、社会主义核心价值观、革命文化和社会主义先进文化宣传教育活动,开办"好书记工作室",定期邀请"两代表一委员"和"两优一先"党支部书记开展"一对一"指导和集体宣讲,用"郊区先锋"讲好"郊区故事"。

提升服务功能。征求各党委部门意见建议,优化整合各部门职能,做优组织关系转接、党员志愿服务互助、人才回乡、党群政策咨询等,特色打造"网络直播平台",邀请本地"网红"开展直播带货活动,助力发展壮大村级集体经济和乡村振兴。

彰显融合功能。充分利用远程教育、智慧党建等平台,建设联盟沟通和引导机制,推进各级各类党群服务中心互联互动,构建党群服务"一张网",党员、群众可就近参加活动,切实把党群服务中心打造为组织力提升的"能量站"、城市基层党建的"活力源"、高质量发展的"助推器"。

聚焦"功能发挥"着力架好"连心桥"

在郊区党群服务中心设立指挥部,建立联席会议等工作制度,研究讨论党群服务中心相关事宜,研究解决遇到的具体问题。

健全运行机制。实行"周总结、周调度"工作机制,三级党群服务中心负责人定期通报情况,交流做法,部署工作。各乡镇积极培养专兼结合的党群服务队伍,完善乡镇党群服务中心制度建设;各社区(村)建立完善居民自治机制、民主协商机制、群团带动机制、社会参与机制等,共同打造指挥有序、参与有力的党群服务中心运行管理新格局。

推动服务下沉。统筹辖区各类服务资源,以"三个清单"(资源清单、需求清单、项目清单)为抓手,形成"三免一自助""网上快办""在职党员积分管理"等一批各具特色的服务项目,把服务窗口下移到乡镇、农村(社区),推动就近办、一次办,实现民心在基层聚集、问题在基层解决、服务在基层拓展。

做优基层治理。深度融合乡镇社区、单位、行业各领域党建,三级党群服务中心分别与驻地单位签订党建共建协议,形成多方参与、共同治理的工作格局。积极推进

"全科网格员"建设,结合"我为群众办实事"实践活动,收集上报基层反映问题200余件,解决率达到80%,使党群服务中心成为党员、群众心中可靠的"议事厅"。

第二节 发挥社会力量的协同作用

所谓社会力量的协同作用,亦即发挥群团组织纽带作用,完善党建带群建、群建促社建的制度机制;发挥社会组织专业作用,解决群众多元多样需求;推动企事业单位发挥参与作用,履行好内部管理职责和社会责任;推动群众自发性组织发挥正向作用,促进其依法依规参与社会治理。

一 以党建带团建

坚持党建带团建,深入推进全区共青团建设,构建适应郊区特点、有利于作用发挥、富有生机与活力的团建方式、活动方式和组织运行机制,提升基层组织活力,形成符合郊区共青团"党建带团建、团建促党建、党团共建促发展"的工作格局,引领广大团员青年主动投身郊区高质量转型发展大局,为郊区争做城乡发展表率,打造城乡融合样板贡献青春力量。

例如,阳泉郊区荫营镇三都村团总支坚持党建带团建,在全区率先探索出"一籍双支"农村团组织发展新路径,建立起郊区首批青少年服务平台,成立了三都村青年志愿服务队、三都村青少年书画社团,积极举办爱国主义主题摄影展、书法绘画培训等主题鲜明、形式多样的活动,受到青少年的喜爱。

特别是进入新时代,这个集体坚持党建带团建、团建促党建、党团融合共建共享,按照"组织+阵地+队伍+项目"模式,不断强组织、建阵地、树品牌、重服务,探索"一籍双支"管理机制,建立青少年服务平台"青年之家",组建青年志愿服务队、青少年书法社团、青少年绘画社团等,全力打造知心、暖心、凝心，有态度、有温度、有深度的新型基层团组织，组织动员广大团员青年围绕中心勇担当、服务大局做贡献，积极投身全面推进乡村振兴生动实践。2019年，三都村团总支获评"全省五四红旗团支部"。2022年，这一集体又获评"全国五四红旗团支部"。

引领凝聚青年。火热的青春，需要坚定的理想信念。三都村团总支始终坚持为党育人、引领凝聚青年的定位，始终站在理想信念的高地上，用党的科学理论武装青年，用党的初心使命感召青年，用党的光辉旗帜指引青年，用党的优良作风塑造青年。

"青春心向党·建功新时代"主题团日、"学党史、感党恩、跟党走"讲红色故事主题活动、"我和我的祖国——颂党恩、爱祖国"演讲比赛、"我和我的祖国"图片展暨剪纸活动。近年来，三都村团总支和村党组织联合开展了一系列主题活动，引导团员青年不断增强"四个自信"，坚定不移听党话、跟党走，树立远大理想，勇担使命任务，到新时代新天地中去施展抱负、建功立业，切实把党的理论和路线方针政策变成自觉行动。

例如，在抓党建促基层治理能力提升专项行动中，三都村团总支召开专题会议，广泛征集团员青年的意见建议；在发展村级集体经济中，三都村团总支发挥组织优势，积极引导三都籍毕业大学生返乡创业就业，为三都村发展注入青春力量。此外，该村还组建了青年志愿服务队，在乡村产业振兴、人才振兴、文化振兴、生态振兴、组织振兴等领域都可以看到青年们的身影。

激发组织活力。青年在哪里，团组织就建在哪里；青年有什么需求，团组织就要开展有针对性的工作，努力使团组织成为联系和服务青年的坚强堡垒。近年来，三都村团总支敏于把握青年脉搏，依据青年工作生活方式新变化新特点，积极探索基层团组织建设新思路新模式，不断激发基层团组织的活力。

三都村有许多团籍在学校的学生团员。他们在校期间无法参加村团组织举办的活动，放假期间无法参加校团组织举办的活动。针对这一情况，为了更好地服务这些学生团员，不断提升基层团组织活力，全面提高团建的科学化水平，2018年三都村成立了"一籍双支"学生团支部。该团支部受三都村团总支领导，下设中学生团小组、大学生团小组。

目前，"一籍双支"学生团支部吸纳了近50名学生团员。这些学生团员接受所在学校团组织和三都村团组织的双重管理。学校放假期间，他们总会及时向村团组织报到，村团组织也会组织这些学生团员开展形式多样的主题团日活动，并为他们提供各种服务和帮助。"一籍双支"学生团支部共组织学生团员开展活动62场次。"一籍双支"学生团支部在村团组织和校团组织之间搭建起共同服务青少年成长的桥梁，有效解决了学生团员假期管理"真空"问题，有利于更广泛、紧密地联系学生团员，引导帮助学生团员正确行使团员权利、自觉履行团员义务。

另外，为切实把团组织"组织青年、引导青年、服务青年、维护青少年合法权益"职能落细、落小、落到实处，三都村团总支在村里建立了青少年服务平台"青年之家"，逐步配套完善硬件设施，做到团组织简介架构上墙、工作职责任务上墙、寄语目标上墙、风采展示上墙；规范"青年之家"日常管理，做到有专人负责、有计划总结、有活动记录、有档案资料。

打造特色品牌。三都村团总支将"青年之家"作为联系服务青年的"门店"，不断整合社会资源、凝聚各方力量，将农耕文化陈列室、电影创作基地、书画培训室等村内资源纳入"青年之家"活动阵地范畴，经常性组织青少年开展形式多样的活动，及时为青少年提供个性化服务。

特别是借助三都村是书法之村、文化之村的优势，三都村团总支组建了青少年书法社团、青少年绘画社团，聘请专业的书画老师为青少年免费进行书法、绘画培训，每学期组织青少年开展一次传统民俗文化教育活动，引导青少年学习中华优秀传统文化、提升综合素养，全力打造"青少年传统文化教育基地"特色品牌。2021年10月，由郊区团委、区教育局、区少工委主办，三都村"青年之家"承办的郊区十大青少年教育基地集中授牌仪式在三都村举办，三都村获评"郊区青少年教育基地"，三都小学与巨兴小学签订红领巾研学合作协议。

三都村不仅是郊区青少年传统文化教育基地、郊区青少年教育基地，而且是全市爱国主义教育基地。结合青少年的特点和实际需求，三都村团总支组织开展"反拐卖、反暴力、禁毒"活动和法治进校园活动，提高青少年防范意识和法律意识；举办乒乓球、象棋、拔河比赛，丰富青少年的文化生活；邀请村里的老党员为团员青年讲团课；组织"'庆五四'铭记历史——讲我身边的故事"主题团日活动、"百年青春心向党、矢志建功新时代"签名、三都村文化艺术节、"聚人心、促发展、展未来"主题摄影展、"奋进新时代、担当新作为"主题书法展、"缅怀革命先烈、弘扬民族精神"主题活动、网络读书活动等，为青少年成长创造条件、搭建平台，帮助青少年在学习实践中不断成长进步。[①]

二 发挥"两新"组织的参与作用

近年来，阳泉市郊区区委主动适应非公经济迅猛发展和社会组织不断涌现的新形势，把"两新"组织党的建设放在经济社会高质量发展的大局中思考谋划，创新在各乡镇成立了"两新"组织党建工作指导站，构建起"区委非公工委—非公企业和社会组织党委—党建工作指导站—党建指导员小组—'两新'组织党组织"的五级组织架构，全面提升"两新"组织党建工

---

① 荣霞：《为青年"追光者"引航——记"全国五四红旗团支部"三都村团总支》，《阳泉日报》2022年5月30日第3版。

作水平。

第一，分区域、网格化"建"。乡镇是抓"两新"组织党建工作的"最后一公里"。郊区区委按照区域划分，依托各乡镇成立6个乡镇"两新"组织党建工作指导站，站长由乡镇党委副书记或组织委员担任，副站长分别由各乡镇市场监督管理所所长和民政助理担任，成员由68名党建指导员组成，党建指导员指导"两新"组织所在村（社），再分成若干小组，实行网格化覆盖。区委非公工委印制《乡镇两新组织党建工作指导站工作手册》，明确指导站主要负责统筹抓好所辖非公企业和社会组织的宣传引导、党组织组建、活动开展及党建指导员的日常协调，成为区委非公工委、区非公企业党委、区社会组织党委以及各业务主管单位党组织与非公企业和社会组织党组织之间的枢纽。

第二，聚合力，标准化"用"。坚持"软""硬"兼施，突出"高标准"和"高质量"。在硬件方面，推行阵地"6＋X"模式，即每个指导站需达到有指导站标牌、有固定场所、有上墙制度、有书报资料、有必要办公设施、有指导组架构图"六有"要求，具备条件的可另设党建文化墙、档案资料柜、多媒体电教设备等，确保阵地实用好用管用。在软件方面，要求各站制订年度计划、责任分工、党建项目等"系列清单"，确保工作有序推进。同时鼓励各站结合区域特色、组员特色和活动特色，挖掘培育亮点，打造党建品牌，做到"一站一品"，现已成功创建"地企共建""党建＋产业园"等党建品牌。将党建工作指导站软硬件建设作为区委"两新"组织党建年度调研评估和年度基层党建述职评议的重要内容，进一步提升乡镇"两新"组织党建工作指导站的实用性和实效性。

第三，定制度、规范化"管"。区委非公工委坚持每季度召开站长工作例会，听取汇报、部署工作、加强调度，压紧压实责任。完善党建工作指导员队伍日常管理考核办法，指导员开展"组团式服务",即3人一组联合出动,帮助增强信心、取长补短。实行动态管理制度,各指导站建立动态管理数据库,健全党建指导员走访记录、会议记录、工作台账,做好特色活动资料留存工作,推动管理到边到角。赋予指导站对指导员年度考核管理权限,区委非公工委依据考核结果发放岗位补助、开展评优评先。同时,加大对指导员的培训力度,坚持"请进来"和"走出去"相结合的原则,通过开展党性教育、业务培训、交流心得等,增强大家的责任意识和履职能力。[1]

郊区结合郊区非公企业发展和党建工作实际,向全区部分"两新"组织选派了党建工作指导员。通过"四强化四到位",积极发挥党建工作指导员作用,不断夯实"两新"组织党建工作基础,有效提升全区"两新"组织党建工作水平。

第一,强化选派机制,做到认识到位。区"两新"组织党工委多次召开工委联席会议,根据省委出台的《关于党建工作指导员管理办法》,在各乡镇(中心)成立"两新"组织党建工作指导站,制定《郊区非公经济组织和社会组织党建工作指导员考核管理办法(试行)》,按照坚持标准"选优"、结合实际"派准"的原则,从区"两新"组织党工委各成员单位和其他机关事业单位领导干部中向全区175家非公企业和社会组织派驻了68名党建工作指导员,印发《党建工作指导员工作手册》和《党建工作指导员工作日志》,对党建工作指导员提出了明确要求,并定期召开专门会议,进一步统一思想、强化认识、明确任务、细化责任。

第二,强化专项培训,做到措施到位。为尽快让党建工作指导员指导好、开展好工作,进一步把准政策、吃透精神、掌握方法,区委组织部、区"两新"组织党工委举办了党建工作指导员岗前培训和能力提升培训,邀请市"两新"组织党工委、

---

[1] 作者于2022年6月在阳泉市郊区调研所得资料。

市非公企业党委、市社会组织党委相关领导进行专题授课，带领大家到全区"双强六好"非公企业和党建做得好的社会组织进行观摩学习，积极培养高质量的党务工作者队伍。

第三，强化制度建设，做到保障到位。党建工作指导员用统筹融合的思想理念和方法手段，有效地整合社会各类资源，对接"两新"组织党工委加强非公党建保障力度，形成服务和推动非公企业发展的强大合力。强化制度建设，坚持党建工作"一盘棋"，党建指导员鼓励吸引多方参与，真正将"两新"组织党建融入城市基层党建当中，实现问题共商、资源共用、服务共享、党员共管、活动共办，解决好"两新"组织党组织"想来参与、怎么参与、经常参与"的问题；强化区级、乡镇、村（社区）和"两新"组织党组织"四级联动"；强化考核制度，党建工作指导员创新工作方式，一月一次例会，半年一次考核，并将相关工作纳入年度党建工作考核内容中，通过日常的党员评议和专项督导等专项方式，强化日常考核工作。

第四，强化责任落实，做到管理到位。坚持"两新"组织党建工作必须常抓、抓长，用"干部抓、抓干部"的工作方式去积极开展工作。一是做好管党治党的领头人，在自身发展的同时，党建工作指导员不能忘记肩负的历史使命和社会责任，在推动"两新"组织党建工作发展壮大的同时，也要注重其社会责任意识，引导他们参与社会反哺行为，将责任意识进一步落到实处。二是党建工作指导员建立了一套行之有效的工作机制，在抓长抓实抓细上下功夫，切实发挥政治引领作用，增强"四个意识"，进而引导转化为在党爱党、在党言党、在党为党的实际行为，推动"不忘初心，牢记使命"主题教育制度化常态化，全面落实"三会一课"、主题党日等党组织生活制度，切实提升"两新"组织党建标准化规范化水平。[1]

---

[1] 作者于2022年6月在阳泉市郊区调研所得资料。

第五章　党建引领基层治理的阳泉郊区实践

——基于调查数据的检验

党建引领基层治理现代化，究其本质而言是一个实践问题。这一问题的实践性不仅体现在党建体现于基层治理主体的各个环节中，而且体现为治理的接受者在实践中感受到了党建并确实将党建作为基层治理中极具现代化赋能作用的一部分。[1] 在基层治理中，党建并非仅仅是引领基层治理现代化的工具，亦即其不仅具有工具属性，而且具有价值属性，并且是这一过程中具有主体性意义的存在。这表明，党建和基层治理现代化在这一过程中都成为实践的目的。正是由于这种特性，考察党建引领基层治理现代化下的实践结果，特别是基层群众对党建引领基层治理现代化的具体感知和感受就具有重要的意义。近年来，阳泉市郊区广泛开展了党建引领基层治理现代化的创新实践。这一创新实践重视集中优势经验，充分赋能自主，将党建内容同经济社会发展过程紧密相连，在各个领域具体落实党建行动，高度关注基层群众在基层治理现代化中对于党建的获得感，由此将党建与基层治理现代化真正融为一体。

在第一阶段进行的实地调研与深度访谈基础上，我们以

---

[1] 周庆智：《基层党建如何引领基层治理》，《人民论坛》2019年第10期。

第五章　党建引领基层治理的阳泉郊区实践

"党建引领基层治理现代化"作为理论立足点，具体切入基层群众认知感受视角，对阳泉市郊区进行了问卷调查。此次问卷调查覆盖范围为阳泉郊区全区6个乡镇36个行政村，受访村民共3535人，通过应答时间处理后确定收回有效数据3415份，有效率为96.6%。在3415份有效数据中，男性居民1716人（50.25%），女性居民1699人（49.75%）。所调查居民年龄段在18周岁以下者15人（0.44%），18—25周岁者100人（2.93%），26—30周岁者134人（3.92%），31—40周岁者634人（18.57%），41—50周岁者951人（27.85%），51—60周岁者1063人（31.13%），60周岁以上者518人（15.17%）。其他人口学变量指标的具体统计结果如表5-1所示。

具体考察数据，可以得出受访者整体人口学特征状况。在参与问卷调查的受访者中，汉族占绝大多数（3406人，99.74%），少数民族则仅有9人（0.26%）。在教育水平方面，受访者整体受教育水平以完成义务教育和义务教育阶段内为主，总体受教育水平相对较低，学历为初中及以下者2096人（61.38%），高中（含高职、高专）者800人（23.43%），大专及本科者500人（14.64%），而具有研究生学历（含硕士、博士）者为19人（0.56%）；亦即，具有高等教育经历的受访者占受访者总数的15.20%。在政治面貌方面，中共党员及共青团员共有976人（28.58%），而群众或其他政治面貌者共有2439人（71.42%）。在个人收入指标方面，受访者整体个人收入水平较低，其中月收入1500元以下者2223人（65.10%），月收入1501—3000元者820人（24.01%），月收入3001—5000元者279人（8.17%），月收入5000元以上者93人（2.72%）。在家庭收入指标方面，与个人收入指标相应，受访者整体家庭年收入水平较低，家庭年收入1.5万元以下者1958人（57.34%），家庭年收入1.5万—5万元者1161人（34.00%），家庭年收入5万—8万元者195人（5.71%），家庭年收入8万—

表5-1 阳泉郊区党建引领基层治理现代创新实践问卷调查对象的基本情况

指标	类别	频数	占比（%）	指标	类别	频数	占比（%）
性别	男性	1716	50.25	个人月收入	1500元以下	2223	65.10
性别	女性	1699	49.75	个人月收入	1501—3000元	820	24.01
年龄	18周岁以下	15	0.44	个人月收入	3001—5000元	279	8.17
年龄	18—25周岁	100	2.93	个人月收入	5000元以上	93	2.72
年龄	26—30周岁	134	3.92	家庭年收入	1.5万元以下	1958	57.34
年龄	31—40周岁	634	18.57	家庭年收入	1.5万—5万元	1161	34.00
年龄	41—50周岁	951	27.85	家庭年收入	5万—8万元	195	5.71
年龄	51—60周岁	1063	31.13	家庭年收入	8万—10万元	59	1.73
年龄	60周岁以上	518	15.17	家庭年收入	10万元以上	42	1.23
民族	汉族	3406	99.74	家庭主要收入来源	农业生产收入	652	19.09
民族	少数民族	9	0.26	家庭主要收入来源	本地工资收入	1049	30.72
受教育水平	初中及以下	2096	61.38	家庭主要收入来源	家庭经营收入	113	3.31
受教育水平	高中（含高职、高专）	800	23.43	家庭主要收入来源	在外务工收入	695	20.35
受教育水平	大专及本科	500	14.64	家庭主要收入来源	其他类型收入	906	26.53
受教育水平	研究生（含硕士、博士）	19	0.56	目前职业	务农	1135	33.24
政治面貌	中共党员	798	23.37	目前职业	务农兼打零工	461	13.50
政治面貌	共青团员	178	5.21	目前职业	在外打工	507	14.85
政治面貌	群众或其他	2439	71.42	目前职业	个体工商户	116	3.40
				目前职业	企事业单位工作人员	251	7.35
				目前职业	其他	945	27.67

10万元者59人（1.73%），家庭年收入10万元以上者42人（1.23%）。在家庭主要收入来源方面，以农业生产收入为主的家庭652个（19.09%），以本地工资收入为主的家庭1049个（30.72%），以家庭经营收入为主的家庭113个（3.31%），以在外务工收入为主的家庭695个（20.35%），以其他收入为主的家庭906个（26.53%）。在受访者职业方面，务农者1135人（33.24%），务农兼打零工者461人（13.50%），在外打工者507人（14.85%），个体工商户116人（3.40%），企事业单位

工作人员 251 人（7.35%），其他职业者 945 人（27.67%）；与家庭主要收入来源对比可知，在阳泉郊区当地的居民中，务工收入普遍超过农业收入，并成为家庭收入的主要来源。

在基层治理现代化进程中，党建的定位是复杂的。相对于基层治理现代化而言，党建的主体性在与工具性相互结合的进程中始终高于工具性，而党建发展与基层治理现代化两个过程的耦合又在基层实践中呈现为复杂面向。党建融入基层治理的各个面向，并有力维系了作为一个整体的基层治理体系。正是由于基层治理中的这种复杂性以及多重结构的重合，党建既居于我国基层治理现代化进程中的主导地位，又往往在具体进程中并未直接呈现出鲜明的主体性。因此，利用调查数据考察党建引领基层治理现代化的阳泉郊区创新实践，就必须将党建纳入阳泉郊区基层治理现代化总体绩效中进行分析。基于这一考量，我们选择从基层党建、治理参与和认同信任三个方面刻画阳泉郊区的党建引领基层治理现代化实践成果，以尽可能贴近实践，并得出可供理论研究者和相关实务部门共同参考的数据结果。

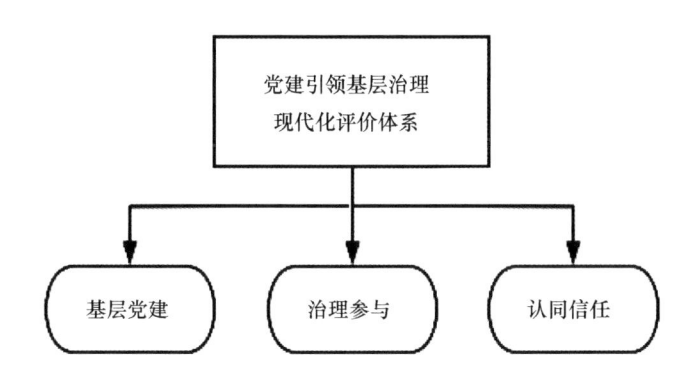

图 5-1 党建引领基层治理现代化评价体系结构

第一节 基层党建

基层党建关乎基层治理全局，对基层治理现代化有着提纲挈领的作用。在基层治理现代化进程中，党不仅通过自身建设坚定了领导社会的能力，而且通过党的组织同社会结构的互动实现了基层治理结构的有序发展。① 党在基层治理中既作为基层治理的重要领导者，又作为基层治理的核心参与者，并在沟通基层治理领域下的多元框架中承担了中枢职能。② 由此，党建活动的有序开展、基层党组织自身能力不断增强，既是党组织自身的要求，也是我国基层治理现代化实践的内在要求。在我国多样化的基层治理实践中，党有力整合了各项资源，并通过党组织内在凝聚力和感召力提升了基层治理的有效性。除此之外，党员的身份属性同样深刻影响着基层治理现代化的实践过程。党员既是党组织的成员，又是基层群众日常生活中可直接接触的一员。基层党员在日常生活中发挥模范作用，基层党组织在基层治理中发挥中坚作用，能够以潜移默化的方式促进基层群众对于党的认同，并由此增强党在基层治理现代化进程中的重要作用。由此，在我国，党建是推动基层治理现代化的题中之义，而以党建引领基层治理现代化则是具有普遍性意义的实践要求。

因此，在以调查问卷形式考察党建引领基层治理现代化的阳泉郊区实践中，我们将基层党建置于核心地位。一方面，我们通过询问有关基层党建的专门化问题，对阳泉郊区的基层党建状况进行考察，并以此考量党建引领基层治理现代化所必需的党建基础。另一方面，我们通过将党建置于基层治理现代化状况的各个问题中，对基层治理现代化中党建的引领作用和特征予以分析和检验。在这一部分，我们关注阳泉郊区的基层党建状况，重点考察基层党组织的组织建设、组织发展和组织领导力三个因素，并基于调查问卷数据具体分析阳泉郊区基层党

---

① 林尚立：《社区党建：中国政治发展的新生长点》，《上海党史与党建》2001 年第 3 期。

② 周庆智：《党建"全覆盖"助推南山基层治理创新》，《人民论坛》2018 年第 36 期。

建所呈现出的诸多特征。

一 组织建设

党的基层组织与人民直接接触、直接相关,因而基层党组织的建设工作在增强党的领导作用中发挥着不可替代的重要作用。在面对相关挑战时,党组织采取了不同组织技术进行应对,而在新时代背景下,党的组织建设技术和建设能力对于基层治理现代化建设具有重要意义。[①] 在组织建设因素中,我们重点关注基层群众对于基层党组织建设存在问题的意见,并在问卷中向受访群众询问"您认为,本地基层党组织建设哪些问题最严重(限选两项)",这是由于以下几点考量。第一,前文已经指出,基层党组织在基层治理实践中既处于核心地位,又充分沟通了复合于基层之上的多重框架,因此让受访群众选择基层党组织建设存在的问题,能够有效地将基层党建这一研究对象从多个复杂且相关的其他研究对象当中厘清出来,避免在考量基层党建的过程中受其他因素的过多干扰。第二,对基层党组织建设的态度来源于对组织建设实践的感知,而基层党组织建设存在的问题最直接反映了受访群众对组织建设的感知。此外,本问题设置限选两项,是考虑到基层党组织建设具有高度复杂性,而限选两项可以使得基层群众有更多可选择的空间,能够更好获知基层群众对于组织建设的多方面意见。调查数据结果如图 5-2 所示。从现有数据结果看,可以得出如下结论。

第一,阳泉郊区受访群众普遍关注基层党组织建设中的组织更新问题,在数据中体现为"党员年龄结构老化""新党员发展指标太少""年轻党员服务本地少"三个选项受到大多数受访者关注。在基层党组织建设中,组织更新既关乎组织延续,也

---

① 景跃进:《转型、吸纳和渗透——挑战环境下执政党组织技术的嬗变及其问题》,《中国非营利评论》2011 年第 1 期。

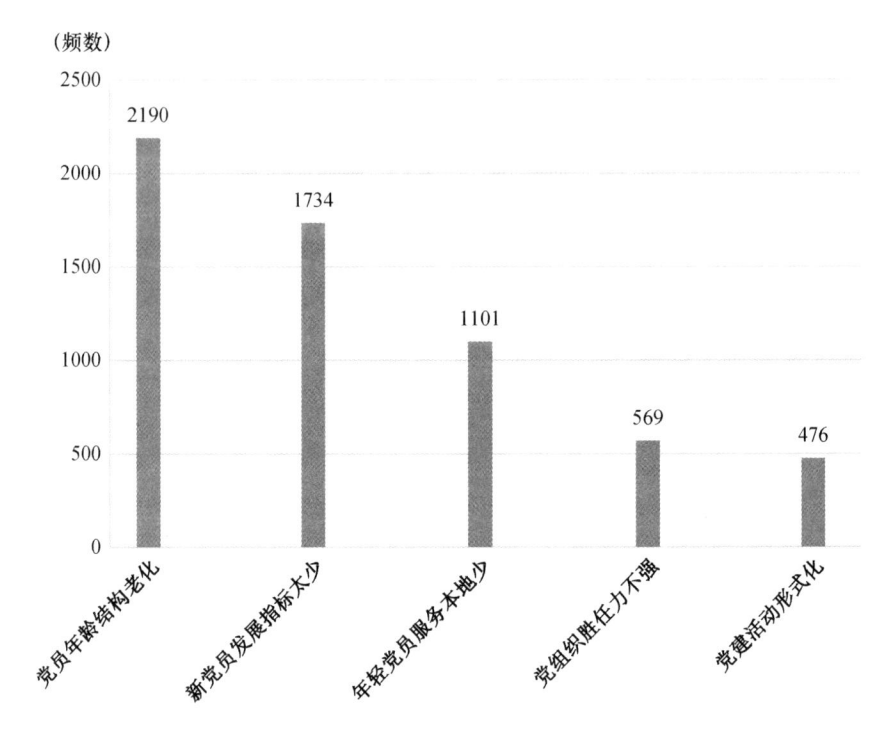

图 5-2 受访者认为基层党组织建设存在的最严重的问题

（频数）党员年龄结构老化 2190；新党员发展指标太少 1734；年轻党员服务本地少 1101；党组织胜任力不强 569；党建活动形式化 476

关乎组织能力和组织内成员代表性。在三个选项中，"党员年龄结构老化"表明受访者具体感知到当前基层党组织中党员年龄偏大，而这在实践中可能呈现为工作创新性不足、工作积极性不足和工作效率不足等情况。但值得注意的是，党员年龄结构老化和党员个人年龄增长并非具有等同效应。在基层实践（特别是村基层实践）中，党员年龄结构老化可能会导致如上所述的问题，但这并不意味着要在基层党组织建设中直接大量引入年轻党员并排斥老年党员。这是因为在基层实践中，基层党员个人年龄增长并非纯然仅具有负面效应。在许多乡村，年龄较大的党员具有较丰富的经验、在所在村积累了丰富的社会知识（如村民宗族状况、村民间关系等），并拥有有利基层社会治理现代化的较高威信和完善的社会关系网络。因此，理解"党员年龄结构老化"必须与"新党员发展指标太少"和"年轻党员服务本地少"相结合进行理解。党员整体年龄结构老化是一个我国基层治理中普遍存在的状态，解决这一问题不应采取简单的命令式措施，而应当通过有序发展新党员、有序引导年轻党员参与党组织建设和基层治理事务，以老带新，稳定发展，优势互补来实现。

第二，阳泉郊区基层党组织建设能力较强，落实较为到位。在数据中，认为"党组织胜任力不强"和"党建活动形式化"的受访者占受访者总数的15.3%。其中"党组织胜任力不强"指的是党组织建设的外部效能较低，而"党建活动形式化"指的是党组织建设的内部效能较低。在实践中，两者是相互影响、相互促进的。党组织胜任力强，不仅意味着党组织内的个人具有较强的能力，而且意味着党组织作为一个集体能够在基层治理实践的各个领域发挥充分的作用，并且能够在促进基层治理现代化进程中充分凸显党组织的组织属性和党员的身份属性。党建活动贴近实际，说明基层党组织在组织建设过程中不仅有效实现了作为一个组织形式的党组织的维系，也在这一过程中充分发挥了这一组织的独特功能，实现了组织目的。

在上述分析的基础上，我们还对相关重要数据间的关系进行了进一步分析，并得到了一些值得关注的结果。第一，作为一个最被普遍指出的问题，"党员年龄结构老化"这一问题反映了基层党组织建设中最直观、最客观的特征，而对这一数据进行一元单因素方差分析可以得出，不同政治面貌的受访者选择这一问题的比例具有明显差距。相对于政治面貌为"中共党员"的受访者而言，政治面貌为"共青团员"的受访者认为党员年龄结构老化的比例降低了21.5%（$p<0.01$），而政治面貌为"群众或其他"的受访者认为党员年龄结构老化的比例降低了14.2%（$p<0.01$），结果显著。由此可以侧面得出，作为参与基层党组织生活的中共党员，对党员年龄结构老化的认知最为清晰，并且在实践中感受到党员年龄结构老化的负面效应更为

明显。第二,"党建活动形式化"这一问题虽然并不普遍,但这一问题反映了基层党组织建设中最主观的特征,体现出基层党组织建设活动对于接受影响者精神世界所产生的作用。对这一数据进行一元单因素方差分析可以得出,不同职业的受访者选择这一问题的比例有明显差距。相对于职业为"务农"的受访者而言,职业为"企事业单位工作人员"的受访者认为党建活动形式化的比例提升了8.2%($p<0.05$),结果显著。由此可以侧面得出,与组织制度接触更密切且频繁的群体,对党建活动形式化的感受程度更强。

二 组织发展

对于基层党组织而言,组织发展既是一个组织更新过程,也是一个组织扩展过程。其中,新党员的发展是基层党组织发展的核心行为。由于新党员发展指标难以受到基层党组织直接影响,因此此处不对基层党组织的成员发展速度进行专门分析。与之相对,新党员的发展质量同样与基层党组织的组织发展息息相关。在实践中,考察新党员的发展质量是一个复杂的问题,需要采取大量精力进行个别研究。基于这一原因,在数据分析部分,我们将重点放在受访者对于新党员发展要求的理解上,请受访者按照其经验对发展党员因素的重要程度进行打分,以此获得阳泉郊区基层群众对于基层党组织的组织发展具体过程的理解,并分析其所蕴含的实践内容。

我们共提供了七个发展党员因素供受访者打分,即"被发展对象的个人能力""被发展对象的宗族背景""被发展对象对本村(社区)所做出的贡献大小""被发展对象的年龄""被发展对象的学历水平""被发展对象的经济实力""被发展对象的家庭成员的政治背景"。在五分制得分中,各因素平均得分分别为4.07(标准差为0.02)、3.67(标准差为0.02)、3.99(标准差为0.02)、3.66(标准差为0.02)、3.86(标准差为

0.02)、3.46（标准差为0.02）、3.87（标准差为0.02）。对各因素得分数据进行考察可以得出，在受访者的认知中，当地发展党员的因素是综合性的，被发展对象的被发展原因同时兼具能力因素和身份因素，且个人能力被普遍接受为新党员被纳入党组织的重要因素。在数据结果中尤其值得注意的是，"被发展对象的经济实力"这一发展党员因素的平均得分明显小于其他因素，这说明对于受访者而言，基层党员发展过程是一个相对而言不考量经济利益的过程，而基层党组织对于党员的需求也并非专注于其经济实力，而是综合素质。

考察受访者对于各发展党员因素之间评分的相关关系，不仅有助于理解受访者对于发展党员因素的理解，也有助于从侧面体现出阳泉郊区基层党组织在组织发展当中的实践特征。因此，我们进一步考察了发展党员因素分数之间的相关关系，对各因素数据进行了偏相关分析，结果如表5-2所示。基于偏相关分析结果，我们发现了以下几点比较值得注意的情况。

表5-2　　　　　　各发展党员因素的偏相关分析结果

	个人能力	宗族背景	贡献大小	年龄	学历水平	经济实力	家庭成员政治背景
个人能力	1.0000	—	—	—	—	—	—
宗族背景	0.4870	1.0000	—	—	—	—	—
	0.0000	—	—	—	—	—	—
贡献大小	0.7959	0.5171	1.0000	—	—	—	—
	0.0000	0.0000	—	—	—	—	—
年龄	0.5034	0.5674	0.5502	1.0000	—	—	—
	0.0000	0.0000	0.0000	—	—	—	—
学历水平	0.5649	0.4638	0.5908	0.6569	1.0000	—	—
	0.0000	0.0000	0.0000	0.0000	—	—	—
经济实力	0.2902	0.4552	0.3796	0.5689	0.5675	1.0000	—
	0.0000	0.0000	0.0000	0.0000	0.0000	—	—
家庭成员政治背景	0.4990	0.6026	0.5350	0.5474	0.5948	0.5203	1.0000
	0.0000	0.0000	0.0000	0.0000	0.0000	0.0000	—

第一，除"个人能力"同"经济实力"之间偏相关系数外，其余各偏相关系数均高于0.3，且各偏相关系数 p 值均小于0.01，结果显著。这一结果证明各发展党员因素之间总体具有相关性，且是正向的相关性。这意味着对于受访者而言，能够被党组织吸纳的新党员必然是具备多方面优势因素的，且不同优势因素之间呈现为相互促进的关系。由于基层党组织的党员发展指标是有限的，因此基层党组织在党员发展中更需要对被发展党员的各方面素质及相关条件进行综合考量，以保障新发展的党员不仅有助于基层党组织的健康维系，也有助于基层党组织的提升发展。第二，"个人能力"与"经济实力"的偏相关系数是各要素间偏相关系数中唯一一个小于0.3的偏相关系数，仅为0.2902。这表明，对于受访者而言，在发展党员的各个因素中个人能力与经济实力几乎没有联系。值得注意的是，不能将个人经济实力同个人获取经济收入的能力相等同，而个人能力和经济实力之间几乎不存在相关关系则证明了这一点。此外，这同样证明了在当地基层党组织的组织发展过程中，新党员的吸纳过程往往并不是一个经济资源的吸纳过程，而更多体现为以个人能力为中心的具有多方面先进性的人才资源吸纳的过程。第三，"家庭成员政治背景"和"宗族背景"之间偏相关系数为0.6026，呈现强相关关系。这一结果具有双重含义。一方面，在结合此前数据的基础上，这验证了一般而言符合常识的认知，即吸纳党员时，新党员的家庭政治背景和宗族背景是相互关联并相互促进的，均对一名党员被吸纳进入党组织起到推动作用。但是，另一方面，宗族背景和家庭成员政治背景之间的偏相关系数仅仅为0.6026，即虽然呈现为强相关关系，但这一强相关关系并没有达到如一般理解中极高的程度。究其原因，这是因为宗族背景本身是一个社会因素，而家庭成员政治背景则是一个政治因素。两者必然在实践中无法摆脱某种同构性和复合性，但是在中国广泛而复杂的基层实践中，两者并非必然是完全紧密相连的。而对于阳泉郊区进行问卷调查所得出的数据恰恰表明，在当地，至少在受访者主观理解下，宗族背景转化为家庭成员政治背景的能力并不具有突出的强度，而宗族整体与个体家庭之间的关系也并非一个普遍的紧密关系。第四，"个人能力"和"贡献大小"之间的偏相关系数为0.7959，呈现相对较强的强相关关系，且明显强于其他各相关关系。与第二点相呼应，这表明在基层党组织吸纳党员的过程中，对新党员个人能力的要求，其实质是对党员能够为所在村（社区）提供贡献的要求。这意味着对于党员能力的要求是多样的，即使经济实力能够部分反映获取经济收入的能力，但这一能力也并非基层党组织对于新发展党员的主导要求。恰恰相反，这种要求是复杂的，贯穿于基层社会实践的各个方面的。

三 组织领导力

基层党组织的组织领导力关乎基层党组织能否发挥好基层堡垒作用，关乎党在基层治理现代化进程中各项职能的充分实现。党的领导力体现于实践过程中，并在实践中依照整合—控制—扩散的逻辑链条具体展开。[1] 在这一逻辑链条下，党的领导力不仅融入中国政治生活和社会生活的各个方面，而且在融入过程中得以不断增强。基层党组织处于政治生活和社会生活的一线，面临复杂多样的结构和关系，因此考察其组织领导力具有一定困难，特别是难以有效锚定组织领导力在基层各个领域的实现状况。

因此，我们选择从基层党组织领导者即基层党支部书记入手，以基层党组织书记当选为切入点，向受访者询问其所在村（社区）的基层党支部书记当选最重要的因素，并列出了六个选

---

[1] 柴宝勇、李梓琳：《"领导力"的理论溯源与中国共产党领导力的理论观察》，《管理世界》2021年第8期。

项，即"人品道德""个人能力""上级认可""政治可靠""经济实力""家族支持"。这是因为，在基层党组织建设过程中，基层党支部书记发挥着重要作用，在增强基层党支部战斗力、凝聚力的过程中扮演着不可替代的积极角色。考察受访者对于基层党支部书记当选因素的理解，既有助于整体把握基层党支部书记选举中所呈现的领导力特征，也有助于从群众视角出发获得其所理解的基层党支部书记选举情况，以基层党组织领导力接受者的立场理解阳泉郊区基层党组织的组织领导力状况。问卷的数据结果如表5-3所示。

表5-3 受访者认为其所在村（社区）基层党支部书记当选最重要的因素（六类因素）

	频数	百分比（%）	累计百分比（%）
人品道德	1120	32.80	32.80
个人能力	1103	32.30	65.10
上级认可	417	12.21	77.31
政治可靠	379	11.10	88.41
经济实力	243	7.11	95.52
家族支持	153	4.48	100.00
总计	3415	100.00	

从表5-3的数据中可以得出，对于受访者而言，阳泉郊区基层党支部书记当选最重要的因素是人品道德（1120，32.80%）和个人能力（1103，32.30%），两因素的累计百分比已经超过半数。其次，上级认可（417，12.21%）和政治可靠（379，11.10%）的重要性相对较低，但仍是不可忽视的因素，前四个选项的累计百分比已达88.41%。此外，经济实力（243，7.11%）和家族支持（153，4.48%）在基层党支部书记当选这一问题上总体发挥作用不强。

基于不同因素之间的内在联系，我们将六个选项中的因素分为三类，即个人因素（人品道德、个人能力）、组织因素（上级认可、政治可靠）和资源因素（经济实力、家族支持）。个人因素，是指一名党支部书记当选的主要原因是其个人素质，包括道德水平和工作能力两方面。组织因素，是指一名党支部书记当选的主要原因是组织安排，当选者不仅因政治可靠而受重视，且受到上级认可。资源因素，是指一名党支部书记当选的主要原因是其拥有外在于个人和组织体系的资源，如拥有较强的经济实力或宗族关系网络。将六个因素归类为三类因素，可以进一步考察其数据情况，其结果如表5-4所示。

表5-4　　受访者认为其所在村（社区）基层党支部书记当选最重要的因素（三类因素）

	频数	百分比（%）	累计百分比（%）
个人因素	2223	65.10	65.10
组织因素	796	23.31	88.41
资源因素	396	11.59	100.00
总计	3415	100.00	

由表5-4数据可知，对于受访者而言，个人因素是党支部书记当选最重要的因素（2223，65.10%），组织因素相对靠后（796，23.31%），而资源因素的重要性最低（396，11.59%）。这表明，阳泉郊区基层党支部书记的当选重视能力，也证明对于受访者而言，当选的党支部书记普遍具有较强的工作能力和较高的个人道德水平。值得注意的是，在实践中，三个因素之间并非排他关系，而是呈现出相互融合的特征。一名基层党支部书记会受到上级重视因而拥有组织资源，而上级重视的原因往往与其个人因素中的道德水平和工作能力分不开。而此次问卷调查呈现出的数据结果则表明，尽管党支部书记当选原因是多样且相互融合的，但受访者明显将各因素中的道德和能力因

素置于首位。这说明基层群众普遍认同党支部书记的能力和道德水平，而这为基层党组织的领导力提供了最重要的保障。只有党支部书记充分发挥模范作用并受到群众广泛认可和欢迎，基层党组织的领导力才能真正得到有效发挥。

此外，为考察对于党支部书记当选因素理解的结构差异，我们对相关数据进行了交叉分析，并得到如下结果。如图5-3和图5-4所示，不同政治面貌和受教育水平的受访者基本保持总体一致的看法，即将个人因素视为首要因素，组织因素视为次要因素，而资源因素视为最不重要的因素。而这从另一个侧面也证明了，阳泉郊区基层党组织具有受到不同群体广泛认可的领导力，基层党建效果显著，能够为推进基层治理现代化提供有效动力。

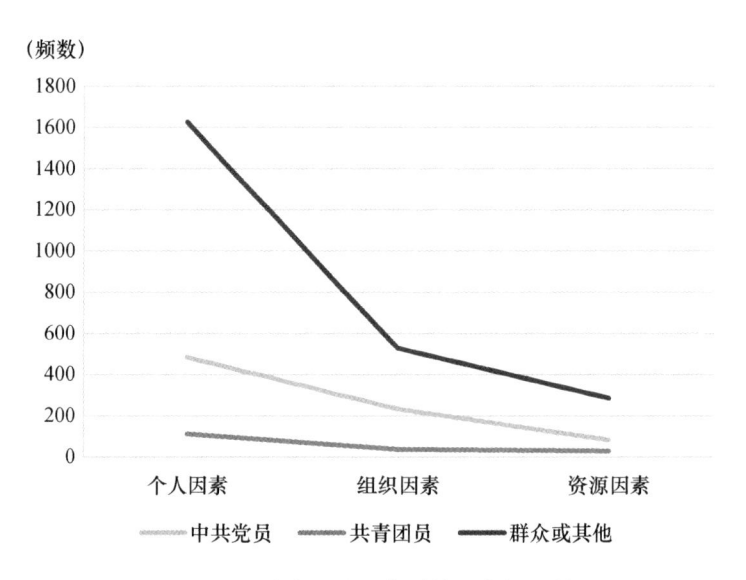

图5-3　不同政治面貌群体对其所在村（社区）基层党支部书记当选最重要因素的看法

第二节　治理参与

基层治理中，民众对于治理过程的有序参与是基层治理现代化的重要特征。在我国，基层社会自治与基层群众的参与行

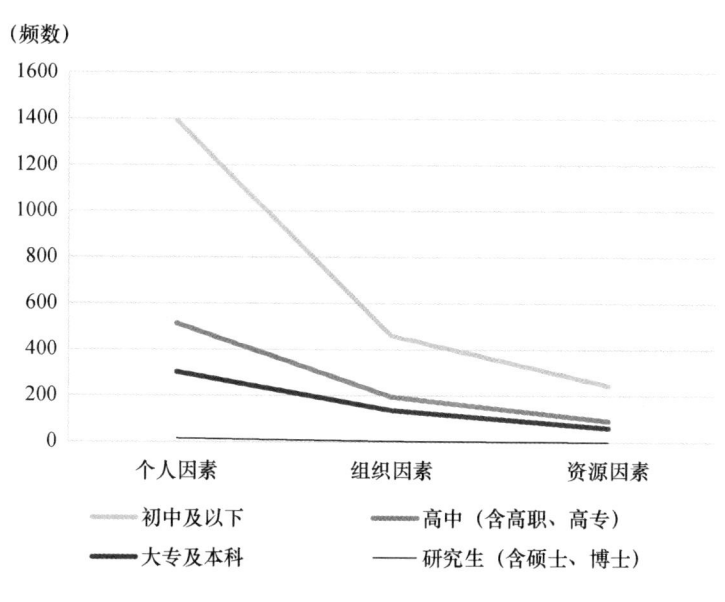

图 5-4　不同受教育水平群体对其所在村（社区）
基层党支部书记当选最重要因素的看法

为之间是密不可分的关系，基层社会自治必然要求基层社会中的个人实现有序且多样化的参与。① 作为一种取代统治的过程，治理在其概念层面即先在性地要求建立一套行之有效的多元参与模式，通过各主体的常态化参与实现治理的长远发展，提升治理效能。改革开放以来，我国社会结构不断发生变化，市场经济发展不仅进一步推动了利益结构的分化，也进一步推动了对公共生活规范化、程序化的需求，而推进参与即是顺应结构、满足需求的关键途径。② 因此，考察治理参与的情况，对于刻画

---

① 郑建君：《公共参与：社区治理与社会自治的制度化——基于深圳市南山区"一核多元"社区治理实践的分析》，《学习与探索》2015年第3期；陈芳、陈振明：《当代中国地方治理中的公民参与——历程、现状与前景》，《东南学术》2008年第4期。

② 周庆智：《基层社会自治与社会治理现代转型》，《政治学研究》2016年第4期；周庆智：《乡村治理转型：问题及其他》，《江西师范大学学报》（哲学社会科学版）2015年第6期。

阳泉郊区基层治理现代化状况有着重要意义。

在基层治理中，参与不仅指参与决策，也并非全然指参与执行，而是一个多渠道、多指向、多结果的过程。人民民主的全过程性，要求在治理中充分实现基层群众的参与。因此，我们从治理参与的各方面、各阶段入手，尝试全方位分析阳泉郊区的基层治理参与情况。基于对阳泉郊区的走访调研，我们将从参与前提、参与渠道、参与积极性与效能感三个方面对阳泉郊区的基层治理参与情况进行分析。

一　参与前提

对于基层治理的参与而言，信息公示在全过程均具有意义。对于行之有效的基层治理参与而言，信息公示在以下三个方面发挥着作用。首先，信息公示为参与者提供获知基层治理现状信息的渠道，使参与者不仅能够掌握参与所需要的信息，也能基于这些信息决定是否参与、采取何种渠道参与。其次，信息公示是制度化、持续性的，其贯穿基层治理的全过程，能够有效保障基层治理参与在各个阶段的正常进行。最后，信息公示面向基层治理范围内的全部成员，能够有利于凝聚共识，集中形成基层治理参与的动力，而良好的信息公示也能有效提升参与者对于其所处的基层治理单元的认同感。因此，我们重点考察了阳泉郊区的基层信息公示情况，向受访者询问其所在村（社区）的公共事务公开状况，以期整体刻画当地信息公开特征。

在问卷中，我们列出了八项与基层治理密切相关的公开事务，即"村规民约、社区规范公开""财务公开""议事公开""社会救助和政府补助事宜公开""工程项目公开""领导干部和工作评议公开""村（居）民诉求回复公开""集体资产、土地相关事项等公开"，并让村民选择其所在的村（社区）所进行的公开包括了其中多少项公开内容，所得结果如

表 5-5 所示。

表 5-5　受访者所在村（社区）进行公开的公开内容数

	频数	百分比（%）	累计百分比（%）
0 种	431	12.62	12.62
1—3 种	1505	44.07	56.69
4—6 种	639	18.71	75.40
7 种及以上	840	24.60	100.00
总计	3415	100.00	

从表 5-5 中可以得知如下情况。第一，选择公开项目数为 0 的受访者共有 431 位，占比 12.62%，而选择公开项目数大于 0 的受访者共有 2984 位，占比 87.38%。因此可以认为，阳泉郊区各基层治理单元总体而言普遍进行了信息公开。第二，选择信息公开数量为 7 种及以上的受访者为 840 人，占比 24.60%，这说明阳泉郊区的部分基层治理单元已经实现了全面的基层治理信息公示。八项公开事务可被分为三类，即包括"村规民约、社区规范公开"的制度公开，包括"财务公开""社会救助和政府补助事宜公开""工程项目公开""集体资产、土地相关事项等公开"的事务公开与包括"议事公开""领导干部和工作评议公开""村（居）民诉求回复公开"的回应公开。在基层治理现代化的实践中，三类公开事务均是完善的治理参与不可缺少的前提。因此，阳泉郊区的基层信息公开为基层治理参与提供了总体完善有效的前提。

值得注意的是，受访者选择信息公开数为 0，并不必然意味着其所处的村（社区）没有进行信息公开，而可能是由于受访者并不知道所在村进行了信息公开。与此类似，受访者所处的村（社区）也同样可能拥有比受访者所选的选项数目多的公共事务信息公开，而受访者并不知道进行了其中某些类型的信息公开。但是，即使考虑到这种情况存在，我们仍将受访者选择信息公开数作为考察信息公开情况的标准。这是因为，此处考察信息公开情况，是基于将信息公开作为基层治理中参与的前提这一判断进行的。对于基层治理单元下的群众而言，只有其有效获得了信息公开中的信息，才可能将这些信息用于参与过程，并在参与过程中增强基层治理单元内的凝聚力。但是，受访者并不知道进行了信息公开或不知道某些信息被公开，说明所在村（社区）的信息公开工作并没有做到位，其信息可及性较差，例如其信息公开方式具有较强时空局限性（例如，在一个面积较大的行政村中仅通过村委会公告栏进行公示），或其信息公开渠道是相对隐秘的（例如，在公众号中的某些难以被发现的位置）。而这些情况，均说明这些被公示的信息无法被用于基层治理参与中，因此我们对这些特殊情况不做单独处理，而是直接将这一问题的结果用于刻画基层治理信息公开情况，并进而用于考量基层治理参与的前提。

二　参与渠道

在基层治理的参与中，参与渠道对于参与效果有着重要影响，并且能够清楚反映参与本身的特点。这是因为，在基层治理参与过程中，基层群众选择采取何种方式处理矛盾、维护利益，这既影响其参与效果，也关乎其对治理参与观点和理解的内在逻辑。此外，参与渠道的可及性对于在基层治理中实现参与极为关键。可及性差的参与通道，在基层治理实践中不可能被基层群众用于进行有效的治理参与。因此，在这一部分，我们具体关注参与渠道的两个方面，即基层群众对于参与渠道的选择和参与渠道的可及性。前者关乎基层群众基于个体经验和集体经验对于治理参与的经验和决策，后者关乎基层治理下与参与相关的制度和实践情况。

首先，我们对基层群众的参与渠道选择进行了分析。我们向受访者询问了多个与基层治理相关的选择问题，并请其选择自己倾向的参与渠道。在问卷中，我们列出了四类常见的矛盾纠纷，即"邻里、亲戚日常生活纠纷""社会救助、补贴、福利类的纠纷""'两委'选举纠纷""土地纠纷"，并让受访者选择其中哪一类是其所面临的主要矛盾纠纷，统计结果如表5-6所示。受访者在日常生活中面临最多的是"邻里、亲戚日常生活纠纷"和"社会救助、补贴、福利类的纠纷"，两者总计为2330，且百分比之和达到79.06%。这说明，受访者在日常生活中面临的矛盾纠纷主要可被分为与政府相关的利益分配问题和与社会关系相关的各类日常问题。这两类矛盾同个人生活最为贴近，往往并不严重，却关乎基层治理是否有效和基层治理单元是否稳定。此外，将与基层治理参与直接相关的"两委"选举纠纷作为主要矛盾纠纷的受访者却仅有332人，占比9.72%，这说明阳泉郊区在基层社会自治组织选举过程中的矛盾纠纷并不严重，基层社会自治组织选举过程整体而言是平稳的。在此基础上，我们接下来进一步考察受访者倾向于采取何种渠道处理矛盾纠纷。

表5-6　　　　　受访者日常生活中主要面临的矛盾纠纷

	频数	百分比（%）	累计百分比（%）
邻里、亲戚日常生活纠纷	1523	44.60	44.60
社会救助、补贴、福利类的纠纷	1177	34.46	79.06
"两委"选举纠纷	332	9.72	88.78
土地纠纷	383	11.22	100.00
总计	3415	100.00	

在发生矛盾纠纷时，个人作为矛盾纠纷的直接接受者，必然首先尝试基于习俗、道理、社会关系和日常经验的各类自行解决方式。因此，自行解决矛盾纠纷的选择并非此处关心的内容。与之相对应，我们考察了个人自行解决矛盾纠纷之外的选择，即向受访者询问若遇到自己无法单独解决的矛盾纠纷将首

先想到何种解决途径。我们列出了六类常见的矛盾纠纷解决途径，即"找人民调解组织机构""找村（居）委会和有关政府部门""找有关社会组织""采取法律途径""上访""找党员、网格员或基层党组织"，并让受访者对各途径进行选择，所得结果如表5-7所示。从表5-7中可得，村（居）委会和政府部门被作为矛盾纠纷解决的第一途径，这说明对于受访者而言，村（居）委会和政府部门总体而言是可靠的矛盾纠纷解决渠道，基层群众较为认可通过村（居）委会实现对基层治理的参与。

表5-7 受访者在自己能力之外首先想到采取何种矛盾纠纷解决途径

	频数	百分比（%）	累计百分比（%）
找人民调解组织机构	271	7.94	7.94
找村（居）委会和有关政府部门	2398	70.22	78.16
找有关社会组织	92	2.69	80.85
采取法律途径	395	11.57	92.42
上访	31	0.90	93.32
找党员、网格员或基层党组织	228	6.68	100.00
总计	3415	100.00	—

其次，我们尝试了解不同群体对于矛盾纠纷解决途径选择的区别。我们发现，在学历方面，不同学历群体对于矛盾纠纷解决途径的首要选择具有较大差别（$\chi^2=119.09$，$p<0.001$），具体结果如表5-8所示。不同学历群体均将村（居）委会和有关政府部门作为解决矛盾纠纷的首要途径。但是，值得注意的是，随着学历升高，选择村（居）委会和有关政府部门解决矛盾纠纷的比例明显下降。这一结果表明，对于学历水平相对较低的群体而言，村（居）委会和政府部门具有较高的威信，且具有相对较低的治理参与门槛。与之对应，随着学历提高，选择以法律途径解决矛盾纠纷的比例明显上升。由于采取法律途径解决问题不仅需要法律意识，也需要法律知识，这表明对于

学历水平相对较高的群体而言，采取法律途径解决矛盾是一个可靠途径，这一群体在基层治理中的参与也更重视法律途径。此外，尤其值得注意的是，由于"研究生（含硕士、博士）"的频数较低，因此可能对统计造成干扰。因此，若将"研究生（含硕士、博士）"与"大专及本科"合并为"本科及以上"学历的话，可以发现随着学历水平的提高，选择"找党员、网格员或基层党组织"的受访者比例同样不断提高。这一结果表明，学历水平较高的群体更愿意信任党员、网格员或基层党组织，对这一矛盾纠纷解决途径的知识更丰富，并更有能力采取这一解决矛盾纠纷的途径。这侧面证明了，在阳泉郊区，党建引领基层治理现代化的效能在学历水平相对较高的群体中得到了充分发挥。

表 5-8　不同学历群体在自己能力之外首先想到采取何种矛盾纠纷解决途径

		初中及以下	高中（含高职、高专）	大专及本科	研究生（含硕士、博士）
找人民调解组织机构	频数	176	61	32	2
	百分比（%）	8.40	7.63	6.40	10.53
找村（居）委会和有关政府部门	频数	1570	529	291	8
	百分比（%）	74.90	66.13	58.20	42.11
找有关社会组织	频数	44	29	19	0
	百分比（%）	2.10	3.62	3.80	0.00
采取法律途径	频数	187	111	89	8
	百分比（%）	8.92	13.88	17.80	42.11
上访	频数	18	6	7	0
	百分比（%）	0.86	0.75	1.40	0.00
找党员、网格员或基层党组织	频数	101	64	62	1
	百分比（%）	4.82	8.00	12.40	5.26
总计	频数	2096	800	500	19
	百分比（%）	100.00	100.00	100.00	100.00

与之呼应，我们同时向受访者询问了何种手段能更好维护

社会稳定，并限制选择三项。这是因为，对社会稳定维持手段的认可象征着对其所具有的功能属性的信任，而这一信任将影响其参与基层治理的渠道选择。个人若更相信某一渠道能够更好维护社会稳定，其便会更乐于利用与这一渠道相关的参与方式，并遵守这一渠道相关的规范。在问卷中，我们列出了七类与维护社会稳定相关的手段，即"政府政策""法律法规""社会主义核心价值观""道德规范和公序良俗""村规民约和社区规范""人民调解""党员和基层党组织发挥作用"。对收回问卷进行统计分析，我们得到了如图5-5的结果。由图中数据可得，"法律法规"被最多受访者作为维护社会稳定的更好手段，而"人民调解"则并不受到绝大多数受访者的重视。这表明，受访者普遍认同法律规范在维护社会稳定方面的权威和能力，而对于人民调解的认同相对较低，因而其更不倾向于信任人民调解作为一种行之有效的参与模式。此外，此处可将七类选项分为三类，即公权力手段（政府政策、法律法规）、社会自治手

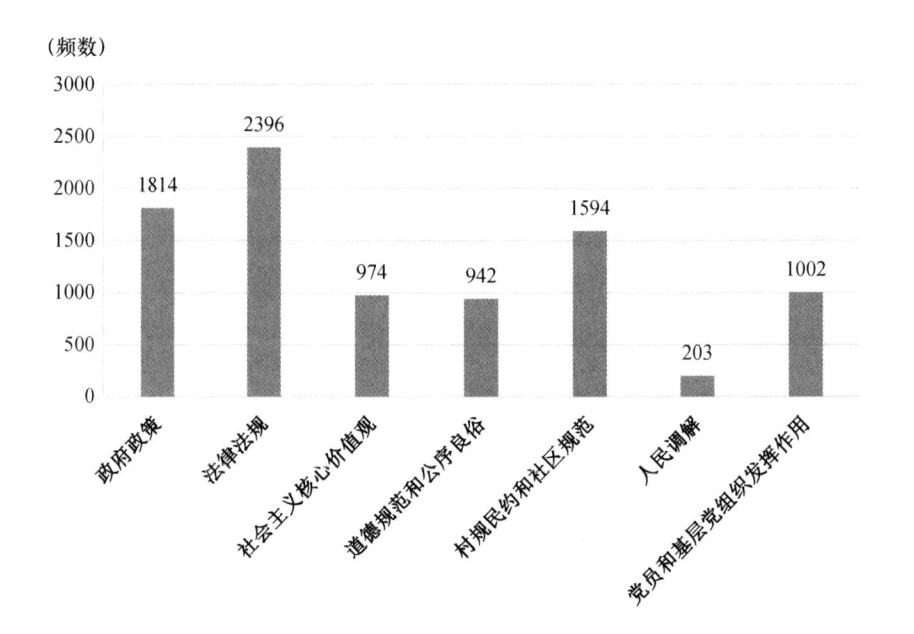

图5-5 受访者认为能够更好维护社会稳定的手段

段（村规民约和社区规范、人民调解、党员和基层党组织发挥作用）和道德手段（社会主义核心价值观、道德规范和公序良俗），三者频数分别为4210、2799和1916。这表明，对于受访者而言，公权力手段是维护社会稳定的最重要手段，社会自治手段相对重要性较低，道德手段对于维护社会稳定而言起到的作用最小。这一结果反映出，对于阳泉郊区的基层群众而言，治理参与应当更借重于公权力途径以发挥作用，而单纯的社会自治手段能力仍有不足。未来，阳泉郊区应当重点关注社会自治领域下公民维护权利的渠道，将社会自治作为维护社会稳定的重要保障，充分调动基层群众的积极性和社会自治的活力。

此外，我们考察了其行使监督权的参与渠道选择情况。在问卷中，我们向受访者询问若对村（居）委会的某项决定不满意则会如何行使监督权这一问题，并列出了五个选项，即"找村居监督委员会反映""找乡镇政府等上级政府反映""找驻村干部反映""找身边的党员或党组织反映""不知道"，并得到了如图5-6的结果。如图所示，选择找"村居监督委员会反映"的受访者最多，占比40.38%；选择"找乡镇政府等上级政府反映"和"找驻村干部反映"的受访者达876人，两者占比之和为25.65%。由此可见，受访者在监督参与中较倾向于信任基层自治组织内的平级监督作用，而借助政治权力对基层自治组织进行监督则相对而言处于次要选择地位。此外，仍有821名（24.04%）受访者并不知道如何在基层治理参与中行使其监督权，这表明当地应当进一步疏通基层治理参与中的监督参与渠道，让民众获得关于监督渠道的更多知识，增强民众有序参与基层治理监督的能力。

在参与渠道可及性部分，我们集中分析了人大代表接访走访活动对于基层群众而言的可及率，这出于以下几个方面的考虑。第一，人大代表的职能要求其密切联系群众，而基层群众

(频数)

柱状图数据：
- 找村居监督委员会反映：1379
- 找乡镇政府等上级政府反映：636
- 找驻村干部反映：240
- 找身边的党员或党组织反映：339
- 不知道：821

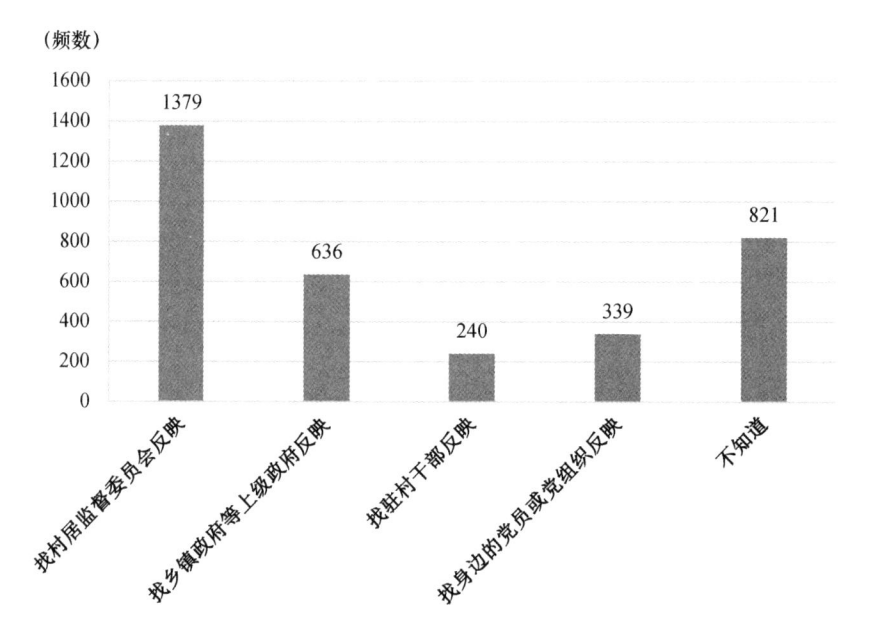

图 5-6　受访者关于如何行使监督权的选择

不仅能够借助人大代表在基层治理单元中的影响从内部参与基层治理，而且能通过人大代表在权力机关中的行动从外部影响基层治理状况。第二，基层治理参与的渠道是多样且复杂的，任何个人都能够灵活选择其可及的基层治理参与渠道，通过多种途径施加其对于基层治理结果的影响力。然而，人大代表接访走访活动具有相对固定性和权威性，其开展情况能够充分反映出当地政府对于基层治理参与途径发挥作用的重视。因此，我们在问卷中向受访者询问其参加人大代表社区联络站所举办的人大代表接访走访活动的频次情况，并得到了如表 5-9 的结果。

如表 5-9 所示，"经常参加"人大代表社区联络站所举办的人大代表接访走访活动的受访者仅有 257 人，占比 7.53%。与之相对应，"一次都没有参加过"人大代表接访走访活动和"不清楚本社区是否有人大代表联络站"的受访者则分别为

1754 人和 737 人，分别占比 51.36% 和 21.58%。由此可得，七成以上的受访者完全没有参加过社区人大代表联络站举办的人大代表接访走访活动，而九成以上的受访者参加这一活动的次数并不频繁。这表明，当地在促进基层治理参与渠道有效发挥作用方面仍然有待加强，阳泉郊区应当重视人大代表联系群众情况，充分推动人大代表社区联络站的建设和宣传工作，让人大代表在基层治理中有效发挥其治理参与渠道的作用，使基层群众的治理参与能够得到更全面、更有保障的落实。

表 5-9　　受访者参与人大代表社区联络站所举办的人大代表接访走访活动频次情况

	频数	百分比（%）	累计百分比（%）
经常参加	257	7.53	7.53
很少参加	667	19.53	27.06
一次都没有参加过	1754	51.36	78.42
不清楚本社区是否有人大代表联络站	737	21.58	100.00
总计	3415	100.00	

三　参与积极性与效能感

在基层治理现代化的进程中，个人不仅能够通过各种渠道参与基层治理，而且能够在这一参与过程中感受到参与的效能感。对于基层治理参与者而言，治理参与的过程不仅是一个利益和价值得以实现的过程，也是一个基层治理中个人主体性得以彰显的过程。个人能够在参与中体会到基层治理进程不是一个外在于自己的存在，基层治理并非不可知也不可及的过程，而是其能够按照自己的意愿，有能力采取措施对与自己生活切身相关的基层治理状况产生影响。由此，个人在基层治理参与中不仅产生了对基层治理单元的更多认同，也在这一过程中达成了个人的自我实现需求。因此，考察基层治理参与积极性和效能，对理解基层治理参与的情况十分重要。为了分析阳泉郊区基层治理参与的积极性和效能，我们在问卷中加入了量表，请受访者对不同的表述进行打分，结果如表 5-10 所示。

表 5-10　受访者关于基层治理参与积极性和效能感的测量结果

	非常不同意	不同意	有点不同意	一般	有点同意	同意	非常同意	平均得分
当地政府的决策，离不开老百姓的参与	90 (2.64%)	33 (0.97%)	402 (11.77%)	471 (13.79%)	295 (8.64%)	932 (27.29%)	1192 (34.90%)	5.46 ($s=0.03$)
地方政府为公民的政治参与提供了多种有效的途径	77 (2.25%)	60 (1.76%)	403 (11.80%)	702 (20.56%)	399 (11.68%)	820 (24.01%)	954 (27.94%)	5.21 ($s=0.03$)
有关政策讨论我会积极参加	68 (1.99%)	57 (1.67%)	395 (11.57%)	737 (21.58%)	356 (10.42%)	840 (24.60)	962 (28.17%)	5.23 ($s=0.03$)
我是基层群众自治的积极参与者	75 (2.20%)	389 (11.39%)	70 (2.05%)	777 (22.75%)	314 (9.19%)	851 (24.92%)	939 (27.50%)	5.10 ($s=0.03$)
党员能密切联系群众，群众意见能够对党组织产生充分影响	99 (2.90%)	41 (1.20%)	399 (11.68%)	693 (20.29%)	380 (11.13%)	786 (23.02%)	1017 (29.78)	5.24 ($s=0.03$)

如表 5-10 所示，我们向受访者提供了五个表述，即"当地政府的决策，离不开老百姓的参与""地方政府为公民的政治参与提供了多种有效的途径""有关政策讨论我会积极参加""我是基层群众自治的积极参与者""党员能密切联系群众，群众意见能够对党组织产生充分影响"，并让受访者选择"非常不同意""不同意""有点不同意""一般""有点同意""同意""非常同意"。在统计分析中，我们对这 7 个选项分别进行了从 1

到7的赋值。从所得结果可以看到，在受访者对每一个表述打分的选择中，"非常同意"所占的比例均是最高的，分别占34.90%、27.94%、28.17%、27.50%和29.78%。除此之外，在每一个表述中，"同意"和"非常同意"所占比例之和均达到50%以上。这表明，受访者整体在基层治理参与中积极性较高，并且具有较强的效能感。

量表中的五个问题分别属于两类主题，即基层治理参与效能感和基层治理积极性。在五个表述中，"当地政府的决策，离不开老百姓的参与""地方政府为公民的政治参与提供了多种有效的途径""党员能密切联系群众，群众意见能够对党组织产生充分影响"三个表述是关于参与效能感的测量。其中，"当地政府的决策，离不开老百姓的参与"能够测量受访者对于基层治理决策参与的效能感，"地方政府为公民的政治参与提供了多种有效的途径"能够测量受访者对于参与渠道有效性的效能感，而"党员能密切联系群众，群众意见能够对党组织产生充分影响"则能够测量受访者对于基层治理参与中党组织作用的效能感。"有关政策讨论我会积极参加"和"我是基层群众自治的积极参与者"两个表述则是关于参与积极性的测量，前者能够测量受访者在基层治理参与中具体行为的积极性，后者能够测量受访者对于自身基层治理参与积极性的评价。我们对两类问题分别进行了分析。在参与效能感方面，三个表述总分为21分，平均值15.91分，标准差为0.09。在积极性方面，两个表述总分为14分，平均值10.33分，标准差0.06分。这一结果同样可以证明，受访者普遍具有较高的参与效能感和积极性。此外，我们对参与效能感得分和积极性得分进行了相关关系分析，两者偏相关系数为0.88（$p<0.01$），这一结果证明受访者的参与效能感和积极性具有强相关关系，并且两者的相关关系是正向的。

除此之外，我们还考察了受访者在社会志愿活动中的参与情况。基层治理参与是一个多方面的过程，而社会志愿活动是基层群众在治理参与中发挥主动性的重要形式。在社会志愿活动中,基层群众能够通过在志愿活动中做出贡献以增强对基层治理过程的了解和认同,能够通过在志愿活动中与其他群众相互交流合作以增强凝聚力。因此,我们向受访者询问了其志愿活动的参加情况。结果表明,阳泉郊区群众参与社会志愿活动的比例较高。在3415名受访者中,共有2124名受访者参加过社会志愿活动,占比62.20%。这一结果反映出阳泉郊区的社会志愿活动开展情况较好,为群众参与基层社会治理提供了良好的基础,也为基层社会治理参与的有序向好发展提供了重要动力,增强了群众的参与积极性与效能感。

第三节 认同信任

在党建引领基层治理现代化创新发展中,建立良好的认同和信任是实现这一现代化进程稳定向好发展的重要保障。基层治理中的认同因素是影响基层治理的重要变量,能够在个人与所在基层治理单元的其他居民交往中得到提升,也能在基层治理实践中得到巩固。[①] 而在基层治理中,对政治体系的信任虽然居于基层治理单元之外,却与基层治理现代化进程密切相关。这是因为,基层治理体系不可能脱离政治体系独立存在,而群众对政治体系的信任不仅能够促进党建对基层治理现代化产生有效引领作用,也恰恰是党建在引领基层治理现代化进程中产生积极成效的一种结果。

就我国基层治理实践与目的而言,建立良好的基层治理认同与建立良好的政治体系信任之间具有密不可分的关系。党建引领基层治理现代化,其着力点在基层,而其关注点则不仅在

[①] 郑建君、马璇:《村社认同如何影响政治信任?——公民参与和个人传统性的作用》,《公共行政评论》2021年第2期。

基层，也在基层之外。只有能够建立较高的政治信任水平，才能认为基层治理现代化取得了卓越的成效。而正是由于在我国政治实践中党组织处于中心地位，对基层治理的认同和对政治体系的信任之间也就能通过党组织进行转换。因此，我们在这一部分将考察阳泉郊区基层治理认同和政治信任的水平，并基于相关数据结果进行分析。

一 治理认同

为了测量受访者对于阳泉郊区基层治理认同程度，我们在问卷中加入量表，让受访者对与基层治理认同相关的正面倾向表述进行打分。在这一量表中，我们加入了以下有关基层治理认同的正面倾向表述，即"居住在这个村（社区），生活很便利""我很认可这个村（社区）的管理水平""这个村（社区）的党建工作做得很好、很实际""与其他地方相比，这里的村（社区）环境条件令人满意""居住在这个村（社区）符合我们家庭的需求""我居住的村（社区）对我有特殊的情感意义""村（社区）让我有家一样的感觉""我很在意别人对自己村（社区）的看法"。在打分项方面，我们设置了六种回答，让受访者根据其生活的社区（村）所在地的真实情况，对表述的认可程度进行选择，即"完全不符合""比较不符合""有点不符合""有点符合""比较符合""完全符合"，并为六个选项分别赋分为1—6分。所得结果如表5-11所示。量表满分为48分，平均分为36.32分，标准差为0.16。这一结果表明，受访者整体具有对基层治理的一定认同，但其认同程度并不强烈。为进一步考察这一量表所反映的数据结果，我们对每一个表述的平均得分和标准差情况进行了分析。在量表内的各正面倾向表述中，"我很在意别人对自己村（社区）的看法"的平均得分最高，为4.67分（标准差为0.02）；"我很认可这个村（社区）的管理水平"的平均得分则最低，为4.42分（标准差为

0.02）。这一结果初步表明，受访者对于作为一种功能结果的社区管理水平存在一定意见，但是在心理情感上仍然较认同其所在的村（社区）。

表 5-11　受访者关于基层治理认同的正面倾向表述的评分结果

	完全不符合	比较不符合	有点不符合	有点符合	比较符合	完全符合	平均得分
居住在这个村（社区），生活很便利	179 (5.24%)	122 (3.57%)	256 (7.50%)	907 (26.56%)	1097 (32.12)	854 (25.01%)	4.52 ($s=0.02$)
我很认可这个村（社区）的管理水平	225 (6.59%)	136 (3.98%)	250 (7.32%)	984 (28.81%)	997 (29.19%)	823 (24.10%)	4.42 ($s=0.02$)
这个村（社区）的党建工作做得很好、很实际	100 (5.27%)	127 (3.72%)	242 (7.09%)	1033 (30.25%)	949 (27.79%)	884 (25.89%)	4.49 ($s=0.02$)
与其他地方相比，这里的村（社区）环境条件令人满意	197 (5.77%)	119 (3.48%)	222 (6.50%)	981 (28.73%)	1024 (29.99%)	872 (25.53%)	4.50 ($s=0.02$)
居住在这个村（社区）符合我们家庭的需求	163 (4.77%)	102 (2.99%)	235 (6.88%)	1027 (30.07%)	1058 (30.98%)	830 (24.30%)	4.52 ($s=0.02$)
我居住的村（社区）对我有特殊的情感意义	146 (4.28%)	87 (2.55%)	181 (5.30%)	981 (28.73%)	994 (29.11%)	1026 (30.04%)	4.66 ($s=0.02$)
村（社区）让我有家一样的感觉	176 (5.15%)	111 (3.25%)	227 (6.65%)	1014 (29.69%)	961 (28.14%)	926 (27.12%)	4.54 ($s=0.02$)
我很在意别人对自己村（社区）的看法	120 (3.51%)	81 (2.37%)	196 (5.74%)	1023 (29.96%)	971 (28.43%)	1024 (29.99%)	4.67 ($s=0.02$)

为验证这一结果,我们对这一量表的内容进行了拆分,将其分为了情感认同和功能认同两类表述。功能认同包括本量表前四项,其内容是个人对于所处村(社区)的效能评价,其具有一定客观性;情感认同包括本量表后四项,其内容是个人对于所处村(社区)的情感态度,其主观性较强。两类表述的满分均为 24 分。统计结果表明,功能认同平均得分为 17.93 分(标准差 = 0.08),情感认同表平均得分为 18.39(标准差 = 0.08),t 检验结果为 $t = 4.0416$($p < 0.01$),证明功能认同和情感认同之间得分差异显著。因此,可以认为受访者对于其所在的基层治理单元的情感认同高于功能认同。这表明,阳泉郊区在推进基层治理现代化进程中,获得了较好的促进村(社区)凝聚力的工作成效,而且其工作成效高于促进村(社区)基层治理效能提升的工作成效。

在此基础上,我们对不同群体的基层治理认同情况进行了分析。首先,我们对不同性别群体的基层治理认同情况进行了分析。数据结果表明,男性和女性在功能认同($F = 4.76$,$p < 0.05$)和情感认同($F = 18.58$,$p < 0.05$)方面均具有显著差异,且具体差异结果如表 5-12 所示。男性平均功能认同评分比女性高 0.37,且男性平均情感认同评分比女性高 0.67。这一结果初步表明,相较于女性,男性的基层治理功能认同和情感认同均高于女性的基层治理功能认同和情感认同。

表 5-12　　　　　　　　不同性别群体的基层认同情况

		平均值	标准差	标准误
功能认同	男性	18.12	4.76	0.11
	女性	17.75	4.97	0.12
情感认同	男性	18.73	4.31	0.10
	女性	18.06	4.69	0.11

不同收入水平同样影响基层治理认同情况。数据结果表明,

不同月收入状况群体在功能认同（$F=12.46$，$p<0.01$）和情感认同（$F=21.19$，$p<0.01$）方面均存在显著差异，具体差异结果如表5-13所示。各收入水平群体的情感认同均高于功能认同，且不同收入群体内部的基层认同状况有所差别。在功能认同方面，月收入5000元以上群体的功能认同情况高于其他各收入群体的功能认同情况；在情感认同方面，月收入5000元以上的群体的情感认同情况高于其他各收入群体的情感认同情况，且较高的收入水平也同时具有较高的情感认同平均值。这一结果初步表明，相较于收入水平较低的群体，高收入水平群体总体具有更强的功能认同和情感认同水平。

表5-13　　　　　　　不同收入水平群体的基层认同情况

		平均值	标准差	标准误
功能认同	1500元以下	17.57	4.80	0.10
	1501—3000元	18.63	4.82	0.17
	3001—5000元	18.38	5.26	0.32
	5000元以上	19.13	4.82	0.50
情感认同	1500元以下	17.96	4.48	0.10
	1501—3000元	19.11	4.45	0.16
	3001—5000元	19.25	4.50	0.27
	5000元以上	19.96	4.26	0.44

此外，为进一步获得有关阳泉郊区基层治理认同的更多信息，我们在问卷中加入了一个基层治理认同消极倾向量表，在这一量表中列出有关基层治理认同的若干项负面倾向表述，并让受访者对这些表述进行打分。在量表中，我们列出了十三项负面倾向的表述，即"干部和群众关系紧张""党员越来越发挥不了模范引领作用""贫富差距越来越大""违法犯罪越来越多""经济纠纷越来越多""村民（社区居民）越来越自私了""村（社区）里年轻人越来越少""赡养老人的越来越少""村（社区）里生存环境越来越差""社会治安越来越差""社会风

气越来越差""村(社区)里公共文化生活越来越少""在村(社区)里住的人越来越少"。在打分项方面,我们设置了七种回答,让受访者根据其生活的社区(村)所在地的真实情况,对表述的认可程度进行选择,即"非常不同意""不同意""有点不同意""一般""有点同意""同意""非常同意",并为七个选项分别赋值1—7分。所得结果如表5-14所示。量表满分为91分,平均分为49.19分,标准差为0.39。这一结果表明,受访者对于基层治理负面认同的表述总体较不同意,与关于基层治理正面认同的量表能够形成对照。

表5-14　受访者有关基层治理认同负面倾向表述的评分结果

	非常不同意	不同意	有点不同意	一般	有点同意	同意	非常同意	平均得分
干部和群众关系紧张	439 (11.26%)	546 (15.99%)	221 (6.47%)	1404 (40.11%)	218 (6.38%)	260 (7.61%)	327 (9.58%)	3.73 (s=0.03)
党员越来越发挥不了模范引领作用	387 (11.33%)	480 (14.06%)	308 (9.02%)	1160 (33.97%)	324 (9.49%)	357 (10.45%)	399 (11.68%)	3.94 (s=0.03)
贫富差距越来越大	356 (10.42%)	336 (9.84%)	176 (5.15%)	1137 (33.29%)	335 (9.81%)	519 (15.20%)	556 (16.28%)	4.33 (s=0.03)
违法犯罪越来越多	710 (20.79%)	777 (22.75%)	601 (17.60%)	767 (22.46%)	155 (4.54%)	166 (4.68%)	239 (7.00%)	3.09 (s=0.03)
经济纠纷越来越多	527 (15.43%)	699 (20.47%)	256 (7.50%)	1286 (37.66%)	172 (5.04%)	192 (5.62%)	283 (8.29%)	3.46 (s=0.03)
村民(社区居民)越来越自私了	460 (13.47%)	548 (16.05%)	241 (7.06%)	1169 (34.23%)	306 (8.96%)	337 (9.87%)	354 (10.37%)	3.80 (s=0.03)
村(社区)里年轻人越来越少	254 (7.44%)	301 (8.81%)	138 (4.04%)	1019 (29.84%)	349 (10.22%)	717 (21.00%)	637 (18.65%)	4.64 (s=0.03)

续表

	非常不同意	不同意	有点不同意	一般	有点同意	同意	非常同意	平均得分
赡养老人的越来越少	449 (13.15%)	636 (18.62%)	315 (9.22%)	1158 (33.91%)	245 (7.17%)	291 (8.52%)	321 (9.40%)	3.67 ($s=0.03$)
村（社区）里生存环境越来越差	522 (12.29%)	672 (19.68%)	258 (7.55%)	1217 (35.64%)	216 (6.33%)	239 (7.00%)	291 (8.52%)	3.53 ($s=0.03$)
社会治安越来越差	569 (16.66%)	773 (22.64%)	289 (8.46%)	1225 (35.87%)	161 (4.71%)	166 (4.86%)	232 (6.79%)	3.31 ($s=0.03$)
社会风气越来越差	546 (15.99%)	705 (20.64%)	271 (7.94%)	1212 (35.49%)	200 (5.86%)	209 (6.12%)	272 (7.96%)	3.44 ($s=0.03$)
村（社区）里公共文化生活越来越少	382 (11.19%)	547 (16.02%)	199 (5.83%)	1241 (36.34%)	270 (7.91%)	432 (12.65%)	344 (10.07%)	3.92 ($s=0.03$)
在村（社区）里住的人越来越少	316 (9.25%)	391 (11.45%)	170 (4.98%)	1136 (33.27%)	312 (9.14%)	560 (16.40%)	530 (15.52%)	4.33 ($s=0.03$)

我们进一步考察了有关基层治理认同的负面量表的数据。在各负面倾向表述中，与村（社区）人口相关的负面倾向表述得到了最多的认同。在问卷中，与人口状况相关的表述有两项，其中"村（社区）里年轻人越来越少"在量表全部表述中平均得分最高，为4.64分，而"在村（社区）里住的人越来越少"在量表全部表述中平均得分则处于次高的位置，为4.33分。这表明，受访者对其所处的村（社区）的人口状况总体较为不满。这表明，阳泉郊区的人口外流（特别是年轻人外流）的情况已经引起了基层群众的一些不满，亟须注意，并采取有关措施增强本地区对于年轻人和人才的吸引力，以适当的人口结构更新

增强基层社会治理活力，提升基层群众对基层社会治理状况的认同感。在各负面倾向表述中，与村（社区）治安相关的负面倾向描述得到了最少的认同。在问卷中，与治安状况相关的表述有两项，其中"违法犯罪越来越多"在量表全部表述中平均得分最低，为3.09分，而"社会治安越来越差"在量表全部表述中平均得分次低，为3.31分。这表明，阳泉郊区的社会治安状况较好，人民安全感较高，群众对于治安状况的基层治理认同度较高。此外，在各基层认同负面倾向表述中，对"贫富差距越来越大"这一表述的评分超过了4分，为4.33分。这表明，受访者总体感受到了贫富差距增大的状况，虽然对这一状况的感知并不强烈。这一结果提醒阳泉郊区政府，应当加强社会公平建设，完善普惠性福利政策和兜底保障制度，注重增加低收入群体收入，避免由于贫富差距而可能产生的稳定问题，为基层社会治理认同的提升创造有利环境。

基层自治组织是基层治理的关键一环。发挥好基层自治组织在基层生活各方面的积极作用，完善基层自治组织制度建设，对于改善基层治理结构、推动基层治理现代化建设具有重要作用。在基层自治组织建设中，基层自治组织选举具有独特意义。基层自治组织选举是最广泛的民主选举实践，良好的基层自治组织选举不仅能够提升群众对于基层治理的认同感，而且能够增强群众的政治参与能力，提升群众的政治信任感。因此，我们在问卷中考察了基层自治组织选举情况。由于各地基层自治组织选举具有不同特征、基于各自特殊情况而各具特色，因此我们选择以主观方式测量基层自治组织选举情况，向受访者询问其认为其所在的村（居）委会选举是否公正，结果如表5-15所示。

由表中数据可得，选择"比较公正"和"非常公正"的受访者共有1614人，占比47.26%；选择"一般"的受访者共有1166人，占比34.14%。这表明，受访者普遍较为认同村（居）

委会的选举情况。需要指出的是，这一结果仅能表明受访者较为认同村（居）委会选举的公正性，而并不能证明村（居）委会在实践中民主选举程度的高低。这是因为，在我国广泛的基层民主实践中，一名候选人若拥有足够的能力，那么即使这名候选人的选举成功受到了其他因素支持，群众仍然会认为这一选举是公正的。关于这一点，可以参见前文相关分析。

表5-15　受访者认为其所在的村（居）委会选举是否公正

	频数	百分比（%）	累计百分比（%）
非常不公正	236	6.91	6.91
有点不公正	399	11.68	18.60
一般	1166	34.14	52.74
比较公正	866	25.36	78.10
非常公正	748	21.90	100.00
总计	3415	100.00	

二　政治信任

推进基层社会治理，重新构建基层社会的公共性，关键在于重新构建政治信任。只有有效提升政治信任，才能实现治理有效性，提升治理效率。良好的政治信任不仅能够增强民众对于政府的认可，而且能够基于这种认可提升民众在公共服务等方面的参与积极性。[1] 因此，我们在问卷中对政治信任情况进行了考察。基于我国政治体制现状，我们将对党和政府的政治信任结合在一起，对党政信任进行综合考察。

在党政信任维度测量中，我们在量表中提出五项表述，即

---

[1]　周庆智：《论中国政府基层治理现代化》，《武汉大学学报》（哲学社会科学版）2016年第3期；郑建君、马璇、刘丝嘉：《公共服务参与会增加个体的获得感吗？——基于政府透明度与信任的调节作用分析》，《公共行政评论》2022年第2期。

"党和政府树立的模范党员、干部具有非常高的威信""党和政府有为老百姓主持公道的愿望""党和政府的政策确实是真心实意关心老百姓的""党和政府在老百姓的心里威信很高""党和政府有能力为老百姓主持公道",并请受访者选择其对于不同表述的态度,即"非常不同意""比较不同意""有点不同意""有点同意""比较同意""非常同意",并分别为其赋值1—6分。所得结果如表5-16所示。量表满分为30分,平均分为24.84分(标准差为0.10)。各个表述的平均得分均超过了4分,且"党和政府的政策确实是真心实意关心老百姓的"(平均分5.02)、"党和政府在老百姓的心里威信很高"(平均分5.00)和"党和政府有能力为老百姓主持公道"(平均分5.03)三个表述的平均得分均等于或高于5分。这一结果初步表明,受访者对于具有宏观属性的"党和政府"具有相对较高的政治信任程度。

表5-16　　　　　　受访者的党政信任维度测量结果

	非常不同意	比较不同意	有点不同意	有点同意	比较同意	非常同意	平均得分
党和政府树立的模范党员、干部具有非常高的威信	140 (4.10%)	73 (2.14%)	275 (8.05%)	754 (22.08%)	789 (23.10%)	1384 (40.53%)	4.80 ($s=0.02$)
党和政府有为老百姓主持公道的愿望	101 (2.96%)	67 (1.96%)	180 (5.27%)	707 (20.70%)	731 (21.41%)	1629 (47.70%)	4.99 ($s=0.02$)
党和政府的政策确实是真心实意关心老百姓的	100 (2.93%)	55 (1.61%)	182 (5.33%)	689 (20.18%)	715 (20.94%)	1674 (49.02%)	5.02 ($s=0.02$)

续表

	非常不同意	比较不同意	有点不同意	有点同意	比较同意	非常同意	平均得分
党和政府在老百姓的心里威信很高	93 (2.72%)	62 (1.82%)	200 (5.86%)	692 (20.26%)	728 (21.32%)	1640 (48.02%)	5.00 ($s=0.02$)
党和政府有能力为老百姓主持公道	91 (2.66%)	55 (1.61%)	201 (5.89%)	667 (19.53%)	686 (20.09%)	1715 (50.22%)	5.03 ($s=0.02$)

在此基础之上，我们进一步考察了量表内数据。"党和政府树立的模范党员、干部具有非常高的威信"这一选项的平均得分为4.80分（标准差为0.02），在各表述平均得分中最低。这表明，相较于其他党政信任指向对象而言，党政干部信任程度相对较低。党政干部信任程度低，会直接影响党建对于基层治理现代化的领导作用，影响党的全面领导情况，故而应当从观念和行动两个方面增强群众的党政干部信任，在基层治理现代化创新实践中以党建引领作用提升党政干部信任程度。因此，加强党组织建设，以国法和党规党纪严管干部，在工作中注重发挥党员的模范作用，是我国未来政治信任建设中需要关注的关键一环。

第四节 数据检验概括

作为一种政治实践，党建引领基层治理现代化既呈现于党的组织结构及行为过程中，也呈现于基层治理具体样态中。党建何以引领基层治理，既是一个需要在治理结构和治理行为中抽丝剥茧的过程，也是一个需要将党的主体性高扬于工具性之上的过程。将党建引领的结果落至现代化这一概念上，至少有三重理论内涵：第一，我国当前的基层治理体系和能力尚不够现代化，必须在认真面对差距和既有国际经验的基础上推动现代化的展开。第二，现代化的过程必然是一个不可能脱离党的领导的过程，在现代化进程中取消党的作用在应然和实然两个层面都是一个完全脱离现实的判断。第三，党建必须充分融入现代化这一进程中，既让党建有力促进现代化，也让党建自身形成更具现代化意义的功能及体系。由此，党建引领基层治理现代化的过程，必须从党建和现代化两方面着手，关注作为一种过程的现代化和作为一种恒在状态的党建。

基于阳泉郊区问卷数据的检验既是对党建过程的分析，又是对现代化发展的分析，且其分析是主客观兼重的。以问卷形式考察党建引领基层治理现代化的实践状况，必须从基层治理全方位入手，关注现代化意义上的基层治理创新，并着重考察党在其中的赋能作用。治理现代化要求实现有效治理，推动有序的公民参与，以合理政治认同和政治信任建设促进社会稳定和各项政策有效推行，通过良好的治理体系增强治理能力。由此，基层党建、治理参与和认同信任就成为以问卷形式通过调查数据考察阳泉郊区基层治理现代化创新实践的三个关键因素。

在基层党建方面，阳泉郊区建立了坚强的且受广泛认可的基层党组织。其中，基层党组织结构问题最受人们关注，年龄结构和人员更新是基层党组织发展必须关注的要点。在组织发展中，阳泉郊区的各党组织重点关注为发展党员的个人能力，强调新党员的综合素质，并且有力摆脱了宗族因素可能带来的负面影响。群众普遍认可基层党组织的领导力，并且普遍认同个人能力是基层党组织书记之所以当选的关键因素，侧面折射出阳泉市郊区党组织在考察干部、任用干部方面保持了高度严谨的态度。

在治理参与方面，阳泉市郊区的基层信息公开为基层治理参与提供了总体完善有效的前提。在面临复杂且具有高度日常性的矛盾纠纷时，不同受教育水平的群众具有不同的解决渠道选择偏好，而基层党员和党组织发挥了重要作用。此外，阳泉郊区应当将下一步的工作重点放在扩大参与渠道、实现有效参与上，提升相关治理参与渠道的回应性。阳泉郊区的群众普遍对于基层治理具有较高的获得感，这既有利于治理参与的有序发展，也在提醒郊区政府应当通过完善政治参与来保障获得感的持久性。

在认同信任方面，群众对于其所处的基层治理单元普遍具有较高的认同感，且其情感认同高于功能认同。这既表明阳泉郊区在完善基层文化建设体系方面取得了良好的效果，也提醒郊区政府应当进一步加强基层服务体系建设，将服务型政府建设落实到基层治理中。在政治信任方面，党政信任水平的状况，为阳泉郊区政府未来提升政府公信力提出了新的要求。

由此，在基于调查数据的检验中，党建引领基层治理现代化的阳泉郊区创新实践至少可以提供如下可供一般性参考的治理经验。第一，应当重点关注基层服务体系建设，以良好的服务体系和基础设施状况提升群众的获得感，使群众将获得感同对党的认同感结合在一起。第二，必须扩大治理参与渠道，提升治理参与的回应性，让政治参与更具实效性，这既是推动基层治理现代化的必然要求，也是能够让党的领导在有序的政治参与中得以实现的关键；没有充分的参与，党的领导就容易同具体群众相脱离。第三，党建引领基层治理现代化的关键，是将党建作为基层治理现代化获得感的基础，让党建在基层治理现代化进程中发挥社会动员、资源整合、服务提供的功能，因此，必须高度关注党组织提供政治性和非政治性公共产品的功能，这将是未来党建引领基层治理现代化的方向。

第六章　阳泉郊区实践

——政党中心基层治理模式的一个诠释

如何恰当地理解和解释阳泉郊区如此丰富多样的治理实践，需要满足如下三个逻辑前提。其一，作为整体代表的党嵌入国家权力结构之中，与此同时又没有脱离社会。也就是说，党既在国家中也在社会中，亦即党不仅在国家政治生活中，也在经济社会领域中，并且都是支配性力量、具有决定性影响力。其二，党对国家的全面嵌入是一个基本事实，但这一事实本身并不构成在逻辑上和概念上将党归入国家范畴的理由，因为党依然保持了自身在组织上、功能上的相对独立性。这种相对独立性生成了国家与社会关系中的一个重要维度，亦即党与社会关系、政府与社会关系以及党与政府关系三分框架或三维关系。其三，地方治理所有的实践或创新都是在以政党为中心的治理模式中展开的，并且都集中在党与政府的关系，党与社会的关系，政府与社会、政府与市场的关系领域。

上述结构性变量（影响因素）是我们讨论阳泉郊区个案的逻辑起点。所以，我们接下来的讨论将集中于如下维度：一是政党中心治理模式的地方实践；二是党政关系、政府与社会的关系、党与社会的关系；三是阳泉郊区地方治理经验对政党中心基层社会治理模式的理论建构意义和政策实践意义。

第一节 政党中心治理模式的地方实践

若完整阐述阳泉郊区党建引领基层治理创新实践，则需要把它置于新中国基层治理现代化的大背景当中来总结、概括和分析。因为只有这样，才能够全面、深刻地理解和解释阳泉郊区基层治理创新实践的理论价值和现实政策意义。

按照新中国的发展历程，可以把基层政府（县乡）治理现代化体系建构过程分为三个发展阶段。第一个阶段是从新中国成立至改革开放前（1949年至1978年），即"社会主义革命和推进社会主义建设"时期。这个阶段的主要特征，是建构基层政府治理基于全能主义（totalism）①或"总体性社会"（total society）②逻辑上的政社合一治理体系。第二个阶段是从改革开放至新时代（1978年至党的十八大），即"改革开放与社会主义现代化建设"时期。这个阶段的主要特征是，与社会主义市场经济相适应，政府、市场、社会的相对自主性得到发育和成长，基层政府治理体系进行了全面的改革，如法治政府建设、服务型政府建设、民间组织管理体制改革等，③加强政府治理的民主化、制度化、法治化建设。第三个阶段是新时代以来（党的十八大以来），即"开创中国特色社会主义新时代"时期。这

---

① ［美］邹谠：《中国二十世纪政治与西方政治学》，《思想家》1989年第1期。

② "总体性社会"这个概念最初是由美国政治学家邹谠提出来的。参见 Ho Ping-ti and Tsou Tang（eds.），*China in Crisis*，Chicago：University of Chicago Press，1968，pp. 277-364；邹谠：《中国二十世纪政治与西方政治学》，《思想家》1989年第1期；孙立平：《自由流动资源和自由活动空间——论改革过程中中国社会结构的变迁》，《探索与争鸣》1993年第1期。

③ 燕继荣：《社会治理的中国经验》，《教学与研究》2017年第9期。

个阶段的主要特征是,在治理体制和治理结构上,加强党政统合治理体系,① 全面、完整地贯彻"党委领导、政府主导、社会协同、公众参与、法制保障"的国家治理现代化的总体要求,发挥好党委、政府在社会治理中的权威核心作用。

```
           全能治理
              |
           政社合一
              |
           单位社会
              |
          城乡二元分治
            /      \
        城市社会    乡村社会
           |          |
     单位制与街区制  人民公社体制
```

图 6-1 政社合一治理体系结构

从党、政府(国家)与社会三者关系的变化上,还可以把基层政府(县乡)治理现代化进程做出三个发展阶段的划分。第一个阶段(1949 年至 1978 年)的性质特征,是党政不分与国家—社会一体化,形成党、国家与社会三位一体的基层政府治理体系。第二个阶段(1978 年至党的十八大)的性质特征,是出现党、国家、社会各自相对独立的"三角关系",② 这是由于社会自主性要素的发展成长,亦即治理主体自主性的变化具

---

① 周庆智:《地方权威主义治理逻辑及其困境》,《中共中央党校(国家行政学院)学报》2020 年第 5 期。
② 林尚立:《集权与分权:党、国家与社会权力关系及其变化》,载陈明明主编《革命后社会的政治与现代化》(《复旦政治学评论》第一辑),上海辞书出版社 2002 年版,第 167 页。

有决定性意义。第三个阶段（党的十八大以来），这个阶段的重要特征，是基层党政权威集中，国家权力（党政体制）全面进入基层社会，基层社会的政治生态和权威关系进入新的再造过程。

综合以上，可以把中国地方治理发展的总体特征做出如下概括：

第一个阶段，新中国成立至改革开放前（1949 年至 1978 年）。新中国成立后，基层政府（县乡）治理进入城乡政制改革以及城乡社会重构时期，它的主要特征是以政治整合代替社会整合，整个城乡社区被纳入国家政权体系当中，即社会的政治中心、意识形态中心、经济中心重合为一，国家与社会合为一体，资源和权力高度集中，国家具有很强的动员与组织能力。这样的社会结构分化程度很低，行政权力渗透于社会生活的各个领域，整个社会生活的运作呈现高度的政治化和行政化。

第二个阶段，改革开放至新时代（1978 年至党的十八大）。基层政府治理结构发生巨变：第一，国家改变了对基层社会的控制和管理方式，体制性权力从村社收缩至乡镇一级，国家与基层社会的关系发生了变化。第二，乡村社会组织形式发生了改变，即实行村民自治组织形式。第三，国家权力的退出和村组制度性权力的弱化。基层政府（县乡）治理重构的秩序特征，一方面在国家正式权力的运作过程中，引入了基层社会规则或地方性知识，展现了国家与农民关系的实践形态；另一方面国家权力将村民自治组织作为控制和影响基层社会秩序的新的组织形式，后者成为乡镇基层政权对基层社会控制和动员的组织形式。

第三个阶段，21 世纪以来基层政府治理的改革与转型（党的十八大以来）。21 世纪以来中国基层政府治理正在经历历史性变化，一方面确保充分发挥党总揽全局、协调各方的领导核心作用和推动改革的能力；另一方面提高党政体制的科学执政、

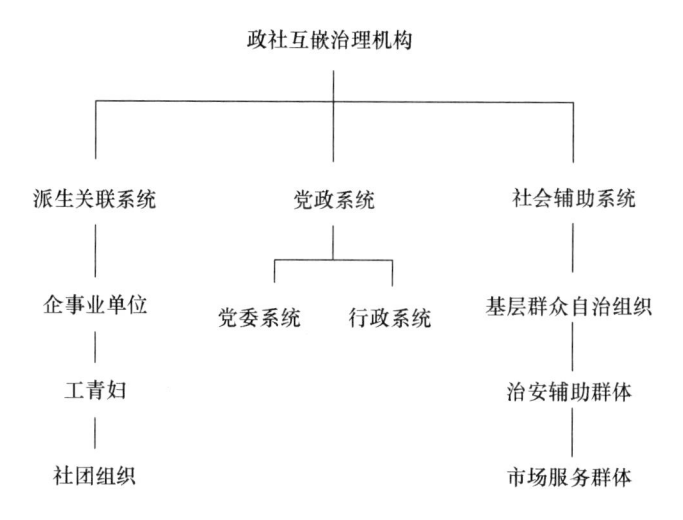

```
                    政社互嵌治理机构
                          |
        ┌─────────────────┼─────────────────┐
   派生关联系统          党政系统          社会辅助系统
        |             ┌───┴───┐                |
   企事业单位       党委系统  行政系统      基层群众自治组织
        |                                      |
      工青妇                                治安辅助群体
        |                                      |
     社团组织                               市场服务群体
```

图6-2 政社互嵌治理结构

民主执政、依法执政水平，充分实现党委领导、政府主导、社会协同的治理体系和治理能力建设。第一，党政权威，基层社会权威性资源与配置性资源的中心。第二，协同治理模式，基于不同的控制权形成的多重权威中心治理结构模式。第三，社会再组织化。因社会再组织的缺位，政府与公民之间缺乏整合机制，社会矛盾不断积累起来，面对这样的治理挑战，基层政府（县乡）对社会整合表现为再组织化特征。

上述地方（基层）治理实践发展阶段，贯穿其中的一个根本性的特征，就是政党主导型的治理结构体系，即以政党为中心的基层社会治理模式。如果从理论上和实践上把握了这一点，我们就能够准确地把握中国地方（基层）治理的变革逻辑及其限度与形式，如此，我们就能够把阳泉郊区个案置于新中国成立以来的政党、国家（政府）、社会的框架中，来考察类似阳泉郊区这样的地方治理经验对当下的中国地方（基层）治理发展的理论价值和实践意义是什么。

第二节　党政关系、政府与社会关系、党与社会关系

理解政党中心治理模式，需要厘清党政关系、政府与社会的关系、党与社会的关系，这个厘清需要放置于政党、国家（政府）、社会三分框架中，如此我们才能够深入阳泉郊区治理体系的内部结构、治理逻辑及治理体系建构的含义。

对党政关系或党与国家（政府）关系的理解，是基于如下政治与行政逻辑：中国共产党居于国家体制的核心地位，而且政党组织事实上是作为国家机器的组成部分而运作。"由于……党和政府在人员组织上是一体的，所以，体制内领导和体制外领导在许多方面是互通的。在这种领导方式下，党和政府关系具有很强的内在统一性，党是决策核心，政府是政策执行主体。党对国家领导所形成的党和国家的这种关系，决定了国家全面主导社会是在党对国家全面领导的基础上实现的。同时，党对国家的全面领导为国家主导社会提供了丰富的组织资源和体制资源，因为，在党全面领导国家的条件下，政府内的许多关系，如中央与地方关系、政府与社会团体关系，都同时具有党内组织关系的性质，而党内的组织关系是强调组织间的领导与服从关系的。"[1] 如此看来，党政关系既复杂亦清晰可辨，事实上，所谓"党政分开"或"党政合一"，也都是在上述意义展开讨论的。

对党与社会关系（党群关系）的理解，是基于如下政治逻辑：作为执政党，中国共产党党组织又具有自身的相对独立性，

---

[1] 林尚立：《集权与分权：党、国家与社会权力关系及其变化》，载陈明明主编《革命后社会的政治与现代化》（《复旦政治学评论》第一辑），上海辞书出版社2002年版，第167页。

在政府系统之外存在着广大的党员以及渗透于整个社会的党的基层组织。中国共产党组织的这一特性,很大程度上决定了国家与社会关系的局限性。因为"在国家与社会关系中,作为中国社会领导核心的中国共产党具有决定性的作用。我们可以把党作为政治力量归结到国家的范畴,并由此来分析国家与社会关系,但是问题在于党作为一种组织力量,与社会有着密切的关系。这就意味着中国社会的权力关系与一般国家(包括西方国家)有很大差别。这种差别决定了我们不能像研究其他国家那样,直接用国家与社会的二分法来研究中国问题,要充分考虑到党作为一种特殊的政治力量在国家生活、社会生活以及国家与社会关系中的重要作用"[①]。换言之,分析当下的中国政治现实,必须考虑政党的因素,由此国家与社会二分法被政党、国家和社会三角关系所丰富。

综合以上,中国共产党的政治领导具有多层次、跨领域的特征。就国家与社会关系而言,它的核心部分进入国家公权力结构,但还有相当的部分处于国家公权力结构之外。亦即政党部分进入国家机构,与此同时又在国家机构之外保持自身的相对独立性,从而形成两套相互重叠但又不完全重合的科层等级组织。所以,政党主导型国家体制,"政党在国家中"只是它的部分状态,事实上它同时在社会之中。

那么,政党、国家(政府)、社会三个结构性变量体现在社区建设和基层治理方面,政党因素是否需要独立考量,则取决于具体的经验场景。如果政党发挥作用的方式是内嵌的,构成政府活动的内生环节,则政党变量不需要加以单独处置。在许多场景下,党和政府是联合行动体,在基层治理中尤其如此,

---

[①] 林尚立:《集权与分权:党、国家与社会权力关系及其变化》,载陈明明主编《革命后社会的政治与现代化》(《复旦政治学评论》第一辑),上海辞书出版社2002年版,第152—153页。

所谓"上面千条线,下面一根针",在这种情况下,党与社会关系、政府与社会关系趋于"合二为一"。但是,如果政党发挥的作用是独立的,或构成了一个重要的外部环节,则政党的变量需要独立处置。例如,一些地方作为公权力构成部分的基层党组织(街道和乡镇)直接创办社会组织,等等。概言之,政党主导型国家体制是一个由不同原则和机制构成的复合体,存在着双重科层制以及多元治理逻辑和关系范畴。换言之,在政党—政府—社会三维关系中,政府与社会、政党与社会可视为一种外部关系,而政党与政府是公权力的内部关系。这等于说,执政党拥有政府和政党"两只手"来治理社会,可根据不同场景下的差异性需要来制定规则。因此,由于国家公权力(党和政府)的构成不同而导致关系形态的变化,在当代中国政治中,存在着两种不同的政治关系:一是国家维度的政府与公民关系,主要通过法律和政策工具来进行调节;二是执政党与人民群众的关系(党群关系),主要体现为领导与被领导的政治关系。例如,在实行村(居)民自治的情况下,在开放选举的情况下,党可以通过加强基层党组织建设的途径来管理基层社会。又如,除了政府向社会组织购买服务之外,党可以在社会组织(如"两新"组织)中从事党建活动,不但如此,党还主动从事社会组织的建设,亦即由街道/社区党组织直接创办社会组织的做法。在这种新型的党与社会的关系中,党不仅仅是社会组织发育的推动者而且是社会组织的直接创建者,党与社会组织不再是相互分立与独立的关系,而是相互融合和嵌入的关系。总之,党作为一种特殊的政治力量在国家生活、社会生活以及国家与社会关系中发挥着决定性作用。

改革开放以来的政治社会发展历程表明,党政关系是政党主导型国家体制最为重要的结构性变量。这一点可以从两个方面来理解:第一,党政关系可以体现为不同的形态,诸如党组织在国家机构之外的独立设置、在国家机构内部设置党的组织

（党组）、党的机构与政府机构合署办公、在党政组织分设的场景下实行领导职务的"一肩挑"，等等。第二，在政党主导型国家体制中，政党执政的灵活性在于，它既可以通过政府渠道来治理社会，也可以对社会发挥直接的影响。与此同时，渗透于整个社会的基层党组织，虽非国家公权力的组成部分，却是执政党和政府的施政工具，它们在各自范围内发挥着政治领导、组织动员和落实政策的作用。

阳泉郊区的经验事实恰好确证了政党、国家（政府）、社会三者所具有的多维的、复杂的、互嵌的，可以相互转换的、交互作用的结构性关系，这为我们理解"党委领导、政府负责、社会协同、公众参与、法治保障"的基层社会治理体系提供了认识范式和经验分析的策略。这也表明，在国家治理体系和治理能力现代化的语境下，建构具有中国特色的国家与社会关系，包括党政关系、政府与社会关系、党与社会关系，是一个整体工程的、相互影响的不同组成部分。

第三节　阳泉郊区经验：政党中心基层治理模式的实践样本

计划经济时期，中国实行的是单位体制，并不存在严格意义上的"社会"领域，所以区分党和国家也就没有什么意义。市场经济的发展，在改变社会的权力结构的同时，也改变了社会的组织方式，单位制的社会组织架构开始衰弱，社区制的社会组织架构开始形成；与此相应，行政化的单位管理逐渐失去主导地位，而自治化的社区管理的地位和作用日益凸显。这个结构性变化从一定意义上讲，改变了党领导国家、组织社会的组织体系和活动空间。国家与社会关系开始生成并具有越来越重要的意义。因此，在新的历史条件下，党就不可避免地要面临这样一个基本问题：党如何在变化了的社会中，依据现代社会发展的规律，全面协调党、国家与社会的关系，既能适应和推动社会的正常发展，又能保持党应有的领导地位和作用。概言之，政党主导型体制的政治、经济和社会的结构方式发生了历史性的深刻巨变，这些变化集中体现于四大关系之中：党政关系、中央与地方关系、政府与市场关系以及国家与社会关系。

上述政治、经济和社会结构发生的巨变，正是阳泉郊区治理实践的大背景，事实上，从阳泉郊区的治理实践上看，它正是以基层党建为中心，围绕着党、政府、社会三者关系框架展开的，它的重点集中在政府治理、社会治理和市场治理的多元共治的主体型构议程方面。

第一，塑造政府治理主体。（1）改变传统治理思维。当前基层公共性社会关系性质的变化，要求政府成为公共事务、公共财政的管理部门，提供公共产品和公共服务，并确保国家与公民之公共事务的制度化关系，其权威源于对公民权利的保障和公共秩序的法治关系维护。这个转变最终反映在公共权威与公民关系的现实政治利益联系上。（2）政府治理法治化。一是树立法治原则。两层意思：其一是法治政府；其二是民主政治。就法治政府建设而言，一方面公权力建立在人民主权原则上；另一方面政府要保障全体公民的权利。就民主政治而言，当前迫切的问题是扩大政治参与，没有政治参与，就没有公意的形成。二是公共参与的制度化。当前基层治理体制低效，一个重要的原因是，普通民众不能通过制度化正常渠道实现自己的利益表达，一定程度上被排除在重要政治过程和政策过程之外。三是预算法治和财政民主。一方面，政府承担运用法律保障经济自由与激励的任务，通过新的权利分配保护经济自由，为高效、合法的交易提供安全保障。另一方面，政府财政为公共需要负责，赋予财政以民主的性质，保障民众的政治、经济、社会和文化方面的权利，让纳税人从政府享受到的公共利益大于其通过税收转移给政府的资源价值，这样才能使政府的公共性与基层公共性社会关系的建构内在地关联起来，并形成相互支撑的互惠关系。（3）确立政府与社会的法治关系。一方面，明确和限定政府的有限职能，即建立一种有限政府的权力结构，并依此来不断调整国家与非国家组织和团体的关系；另一方面，社会自治组织是公共秩序不可替代的利益组织化形式，它受法律、法规以及社会规范体系的限制和约束。

第二，建构社会治理主体。一是主体社会建设。从单位社会进入公共社会，社会治理所面临的一个结构性问题，就是在个体与公共体制之间没有一个主体社会的存在，后者是一个介于国家（政府）和个人之间的领域，它由相对独立存在的各种各样的组织和团体所构成，这些组织和团体包括家庭组织、宗教团体、工会、商会、学会、学校团体、社区和村社组织、各种娱乐组织和俱乐部、各种联合会和互助协会等。社会组织的发展和壮大，能够在政府与个体公民之间确立一个沟通的公共场域，后者的功能就是代表个体与公共组织建立一种协商和共治关系。二是社会治理的自治权利法律保障。社会治理主要指的是社会对于社会事务的管理，强调社会组织和公民个体是公共管理的主体，其主要表现形式是社会自治。自治权利的法律保障关涉两个方面：一方面，社会自治遵循法治原则，以尊重和保护社会成员的基本权利为前提，没有公民个人的结社权，就没有社会组织的自治权；另一方面，公共权力为社会自治提供制度性的法律保障，即对社会自治活动确立人人适用的普遍法律规则，而且所有公共组织均具有有限但独立的自治地位，没有任何个人或群体作为最终的或全能的权威凌驾于法律之上。

第三，建构市场治理主体。市场自组织是形成市场秩序的基本因素，市场经济促成了平等自治的契约关系、法治原则、自治原则和民主发展进程。这包括两方面含义：一方面，市场主体形成联合形式，成为内生型的利益集团组织，在政府与个体之间起到沟通和协调作用，即防止政府公权力的不当干预行为；另一方面，也约束成员损害市场秩序和社会秩序的行为以及规范市场行为，从市场组织参与市场治理的角度来看，市场治理主体的形构需要推动市场组织的自治化，即市场利益共同体应该成为连接国家和社会两方的协调性经济组织，具有更多的自主性地位和社会权力，这意味着国家和社会两边的权力平衡发生了变化。

换个角度看，阳泉郊区的治理实践或创新无不集中在政府与社会、政府与市场的权利关系领域当中。它要实现的是这样一个治理格局：政府机制（政府是主体）、市场机制（企业是主体）、社会机制（社团、社区、社工、社企是主体）三种机制的多元共治，这一治理格局揭示了当前中国基层公共性社会关系的结构特征及其性质的变化。也就是说，当前基层公共性社会关系性质的变化，已经具备了社会自己管理自己、多元主体治理等基础性条件。换言之，政府不再是制度来源的唯一主体，社会力量的崛起，为制度供给提供了新的来源；社区、社团、社企、社工等社会力量和组织形式的出现和壮大，为社会秩序提供了有效保障；社会资本对公共产品供给的介入，为社会发展和政治稳定激发出更多的经济活力与社会创造力。传统基层治理——政府是公共管理的主体而社会是公共管理的对象——已经难以应对变化了的公共性社会关系，这就需要对传统基层治理做出实质性变革，让基层政府的公共性扎根于基层社会，同时让社会力量得到充分的发展，使社会能够（也有能力）自己管理自己，形成一种现代公共领域和现代公共生活方式，使政府与社会确立在法治、民主、自治、共治的结构性关系上。

但上述所有关系的调整和治理主体的形塑，都必须置于党的政治领导和引领之下。换言之，中国基层治理改革和转型的主导性力量主要来自党和政府，因为中国共产党的基层组织和基层政权组织一直是基层社会的权威性资源与配置性资源分配的中心，同时也是制度创设和变革或制度供给（制定规矩和规则）的提供者甚至是唯一的提供者。也就是说，中国共产党的基层组织与基层政权组织在社会领域、市场领域一直是支配性力量并具有决定性影响力。这就决定了中国基层治理只能是政党中心治理模式。所以，当前中国基层治理改革和转型的核心议题，就是以党建为中心，以党的组织体系建设为重点，以建构"党委领导、政府负责、社会协同、公众参与、法治保障"的现代化治理体系为基本目标和任务，这也是有关中国基层治理的理论建构和现实设计的出发点和思考方向。

进一步讲，中国基层社会治理体系建构取决于现代公共性社会关系所具有的几大结构特征：公共领域的自治结构，多元治理主体的权利界分，强大的主体社会。这些结构条件满足了公共社会的多元性、异质性、权力分散等特点，为社会整合和凝聚提供了结构制度化和利益组织化条件，在此基础上形成的治理秩序，涉及社会公正维护机制、利益协调机制和社会组织化形式。当前中国基层公共性社会关系性质的变化，已经具备了多元主体治理等基础性条件。换言之，政府不再是制度来源的唯一主体，社会力量的崛起，为制度供给提供了新的来源；社区、社团、社企、社工等社会力量和组织形式的出现和壮大，为社会秩序提供了有效保障；社会资本对公共产品供给的介入，为社会发展和政治稳定激发出更多的经济活力与社会创造力。

实践是中国基层社会治理的一大特点。因为中国基层治理改革和转型所面对的问题更错综复杂，更需要实践多维度的创新，这些创新包括价值的、制度的、规范的、结构的，亦即"社会改革和创新社会治理体制的核心议题，就是要处理好政府与社会的关系以及市场与社会的关系。要弄清楚，哪些社会事务，需要政府、市场和社会各自分担，哪些需要政府、市场和社会共同分担。在充分发挥政府宏观调控作用、市场决定性作用的同时，更好发挥社会力量的作用"①，也就是说，所有的政府治理实践或创新无不集中在政府与社会、政府与市场的权利关系领域当中。

从阳泉郊区的治理实践上看，其在法治政府建设、民主参与、社会组织发展、社会自治、权力监督等方面都有探索和实践，目标是为了加强党和政府的权威地位，使党和政府具备更强大的执政资源与治理能力。尤其进入新时代，基层治理表现出以权力集中和结构集中来控制和平衡权力分散和结构多元的趋向，使基层社会处于党和政府的管理和服务之下。换言之，中国基层治理的改革和转型还需要适应市场经济条件下社会多元与价值多元的发展态势，来调整公共体制的经济社会功能和治理角色，实现多中心的社会治理现代化目标。

也就是说，阳泉郊区以党建为中心的治理创新是政党中心基层社会治理模式的实践样本。政党中心基层治理模式是在政党、政府、社会三分框架中展开的，这正是中国基层治理实践的创新空间，在"党委领导、政府负责、社会协同、公众参与、法治保障"的治理逻辑和原则要求基础上，基层治理的一大特点就是实践，事实上基层"先行先试"一直是中国国家治理改革的特色，因为从经验积累当中，才能进行创造性的探索和富有成果的制度变革，才能把那些证明具有稳定性、有效性的成功实践经验固定化，并促其进入正式政策和法律体系当中。

当前基层党建引领社区建设要集中在三个方面进行创新。第一，要把基层党建与基层政权建设紧密关联起来；第二，要把基层党建与社会治理创新紧密结合起来；第三，要把基层党建工作重心放在社会组织能力和社会动员能力建设上来。

围绕上述要求，阳泉市郊区基层党建引领的社区治理创新

---

① 李培林：《社会改革与社会治理》，社会科学文献出版社 2014 年版，"摘要"。

进行了非常有意义的探索，归纳起来有以下三个方面。

第一，在基层党组织的组织执行能力建设上，阳泉市郊区构建了党建运行新体系，实现了基层党建的全覆盖。2018年7月，习近平总书记在全国组织工作会议上强调，加强基层党组织建设，要以提升组织力为重点，突出政治功能。要健全基层组织，优化组织设置，理顺隶属关系，创新活动方式，扩大基层党的组织覆盖和工作覆盖。[①] 一直以来，阳泉市郊区为适应基层社会群体结构和组织架构的变化，努力强化基层社区党组织的作用，突出政治功能，发挥组织优势，整合各类资源，构建党建引领社会治理的新机制。比如，在社区层面，社区党委书记统领全局，身兼数职，实现了党组织的全面领导和下沉；充分发挥驻区单位、物业公司、业主委员会的党员负责人作用，对需要协调解决的"大事"、关系民生福祉的"实事"、基层无力解决的"难事"进行共议共商，不断增强社区党组织的凝聚力和战斗力。如此从党组织引领到党组织覆盖，从组织的无缝覆盖到工作的有效覆盖，阳泉市郊区在持续扩大党的覆盖面方面进行了大量有效的尝试，保持了基层党组织的旺盛活力。

第二，在社会动员能力建设上，阳泉郊区从社区居民利益关切入手，引导群众树立"惠从党来"的意识，把社区治理建立在全体社区居民的利益共享和价值共享之上。社会动员能力长期以来都是党的政治优势，不断提高新时代党的社会动员能力，可以广泛凝聚全社会的智慧和力量。比如，引导区域各基层党组织开展共学共建共治共享活动；组织辖区单位参与基层党建、社区治理、服务群众等工作，实现党建联抓、难题联解；发挥社区党组织在社会治理中的领导核心作用；组织辖区单位

---

① 《习近平在全国组织工作会议上强调　切实贯彻落实新时代党的组织路线　全党努力把党建设得更加坚强有力》，《党建研究》2018年第8期。

党员参与矛盾化解、治安巡逻等活动,共建和谐家园;以党组织为纽带,搭建合作平台,开放公共设施,实现资源共享。这一过程的关键是:能够在利益共享和价值共享的基础上建立起公共伦理文化,将社区中的原子化个体凝聚起来,使社会动员能力、群众工作能力、公共服务能力统一转化为共建共治共享的合力。

第三,在社区公共服务供给上,阳泉郊区把社会力量尤其是社会组织引入社区治理建设中,通过购买服务或培育社区志愿者等方式,为社区提供优质的福利和服务。社会组织是民众参与公共事务、推动经济社会发展的重要力量。加强党的全面领导,发挥党建引领作用,与支持社会组织履行职能是有机统一的。评判城市基层社会治理组织体系完善与否,往往与多元主体协同治理,特别是社会组织的有效参与程度密切相关。对此,阳泉郊区实践提供了一些可资借鉴的有效经验。比如,创新党组织及党员为群众服务的途径和方式,打造服务型基层党组织;选优配强街道社区领导班子,注重选拔党性强、能力强、善协调、会服务的党员担任党组织书记;将基层社区干部纳入全区干部队伍建设总体规划,打造专业队伍,提升服务能力。搭建社区智慧党建平台,精准对接群众需求,实现服务事项数字化申请、交互式审核、跨部门办理,力求让群众生活和办事更方便;推进社工队伍服务精准化、社会组织服务个性化、党员志愿者服务常态化,以及征集居民"微实事"、优化"菜单式"服务等。

着眼社区未来发展,阳泉郊区基层党建引领的社区治理创新实践,还需要在社区党委书记多重职务的角色调适、社区居民参与的制度化建设、推进具有维权性质的社会组织建设、保障基层治理法治化等方面进行更多创新尝试,从而不断深化基层治理,更好推进基层社会治理现代化。

总之,实践或者对实践的不断解释和说明,乃是基层治理创新集中力量要去做的事情。在这个意义上讲,基层治理的实践就要从如下方面做出实在的努力:第一,在价值理念上,要转变地方执政者的执政理念。起关键作用的是政绩观。若使执政者专注于改善地方治理状况和治理环境,服务一方,那就要脚踏实地推动地方治理创新实践活动。第二,在行政实践上,要从民众福祉上来推进具体行政,要注重执政的社会基础,一切以民众的利益为旨归,真正建构多元民主参与的治理现代化体系,扩大公民参与,让民间团体有畅通的制度渠道参与多元主体治理。第三,在推动实践经验制度化上下功夫。对无效制度或阻碍治理实践的旧制度,要敢于创新,并在总结实践经验的基础上,将成熟的经验进行制度化,进入正式政策和法律体系当中。第四,大力培育和发展社会组织的力量,并将那些具备自主性与促进性的社会组织纳入体制当中。第五,让现行制度有效运行起来。比如,让地方人大、村(居)委会等真正发挥功能和作用。

地方治理实践并非一路坦途,事实上存在许多需要不断改革和创新的地方,这也是政党中心基层社会治理模式需要不断克服的难题。

第一,政府权威角色、性质及其与被治理者关系的变化。首先是治理原则的改变,一方面明确和限定国家和政府的有限职能,并依此来不断调整国家与非国家组织和团体的关系;另一方面社会组织的发展受法律、法规以及社会规范体系的限制和约束。其次,基层社会自治是社会成员通过社群的集合体共同行使自治权利的社会治理形式。最后,市场主体参与治理。一方面市场主体形成联合形式,在政府与个体之间起到沟通和协调作用;另一方面也约束成员损害市场秩序和社会秩序的行为。

第二,基层政府(县乡)治理体系存在内在的张力。一方面是集权下的强势政府,即政府具备强大的执政资源与治理能力，以权威集中和结构集中，来控制和平衡权威分散和结构多元；另一方面是集权下的分权，即以民主化为方向的分权，适应社会多元化。在这里，社会资源分散造成的权力分散导致的多元社会力量参与扩大要求，乃是当前基层政府（县乡）治理现代转型所面对的重大挑战和内在张力。

第三，通过制度变革适应变化了的社会结构和治理环境，提升治理能力。从基层政府治理实践上看，一些制度改革提升基层政府的统治能力（governability）或治理能力（governance capacity）的效果并没有获得实践验证，所谓"现代化的"治理体系事实上还远不是一个善治（good governance）体系，因为它还难以克服地方公共权威弱化、治理机制失效、社会缺乏自治能力等体制性、制度性和机制性问题，并且这些与基层政府（县乡）日常治理紧密关联的特性经常引发对立和冲突。

另外，实践之于制度或模式的意义，在于突破制度或模式的僵化，换言之，制度或模式是人们在长时期实践活动中进行选择的结果。从某种意义上讲，所谓模式，就是对实践经验的一种解释，反过来讲，对基层治理创新来说，基于实践和经验的积累尤为重要，理由是：第一，经验有地方性局限。对中国这样一个政治大国来讲，多样性或差异性是治国理政的基层现实。试图把一个具有地方实践特点的东西模式化并推广到经验之外的地方，必须要考虑它本身的局限性，而不断的实践经验积累能够克服这种局限性并使实践达到一个被认可的政治社会系统水平。第二，需要长时期的实践过程，才可能具有可模仿的制度化特征。实践就是不断地创新，模式是通过不断的实践经验积累而建构起来的，它可能是计划或预期的结果，也可能是非预期的和功能失常的结果，但不管哪种结果，都是实践的特点。第三，模式具备开放性特点，不能成为僵化的超越环境变化影响的具体现实，它仍然可能在实践当中被选择甚至被替代。实践或创新带来变迁，这个变迁是由经济和政治模式内在的不一致和相互冲突的意识形态所导致的，变迁发生了——有计划的或无计划的变迁、渐进的或革命性的变迁，并表现出制度或模式的基本结构特征——不管这个结构特征是规范、关系，还是组织化程度，也许在这个时候我们才能够恰当地讨论模式了。

附录　城乡社会发展与稳定调查问卷

尊敬的先生/女士：

　　您好！为了解党建引领基层治理创新实践的基本现状，中国社会科学院政治学研究所周庆智教授项目组邀请您参与我们的调查。请您以自填的方式回答下列问题，并将您认同的答案序号填入预留的括号中。本次调研结果仅用于科学研究，绝不会以个案形式对外公布，对于您的回答我们将严格保密。感谢您的大力支持！

第一部分

- 性别 [　　] ①男　　②女
- 民族 [　　] ①汉族　　②少数民族
- 年龄 [　　] 周岁
- 教育水平 [　　]

①初中及以下　　②高中（含高职、高专）
③大专及本科　　④研究生（含硕士生、博士生）

- 政治面貌 [　　]

① 中共党员　② 共青团员　③ 群众或其他

- 您目前的家庭居住所在地在 [　　]

①农村　　②乡镇

③县城 ④市区

◆ 您个人的月均收入 [　　]

①1500 元以下 ②1501—3000 元

③3001—5000 元 ④5000 元以上

◆ 您家里的年收入能达到 [　　]

①1.5 万元以下 ②1.5 万—5 万元

③5 万—8 万元 ④8 万—10 万元

⑤10 万元以上

◆ 您家庭目前收入的来源主要是 [　　]

①农业生产收入 ②本地工资收入

③家庭经营收入 ④在外务工收入

⑤其他类型收入

◆ 您目前的职业是 [　　]

①务农 ②务农兼打零工

③在外打工 ④个体工商户

⑤企事业单位工作人员 ⑥其他

第二部分

1. 您所在村（社区）公共事务的公开内容，包括以下所列举的多少种内容 [　　]（单选）

村规民约、社区规范公开	财务公开	议事公开	社会救助和政府补助事宜公开
工程项目公开	领导干部和工作评议公开	村（居）民诉求回复公开	集体资产、土地相关事项等公开

①0 种 ②1—3 种 ③4—6 种 ④7 种及以上

2. 当您遇到矛盾纠纷时，最先想到的解决途径是 [　　]（单选）

①找人民调解组织机构　　②找村（居）委会和政府部门
③找有关社会组织　　④法律途径　　⑤上访
⑥找党员、网格员或基层党组织

3. 结合您所在村（社区）的实际情况，请您对以下发展党员影响因素的重要程度做出判断，在相应选项后的数字上画"√"（请不要错填或漏填）

	非常不重要	不重要	一般	重要	非常重要
被发展对象的个人能力	1	2	3	4	5
被发展对象的宗族背景	1	2	3	4	5
被发展对象对本村（社区）做出的贡献大小	1	2	3	4	5
被发展对象的年龄	1	2	3	4	5
被发展对象的学历水平	1	2	3	4	5
被发展对象的经济实力	1	2	3	4	5
被发展对象的家庭成员的政治背景	1	2	3	4	5

4. 您认为通过下列什么手段能更好地维护社会稳定？[　　][　　][　　]（限选3项）

①政府政策　②法律法规　③社会主义核心价值观
④道德规范和公序良俗　　⑤村规民约和社区规范
⑥人民调解　　⑦党员和党组织发挥作用

5. 您担任志愿者主要参与哪个方面的活动？[　　][　　]（限选2项）

①文体娱乐　②社会救援　③社会帮扶
④环境卫生　⑤没有参与过

6. 在脱贫攻坚方面，您认为以下哪几个主体在实践中发挥作用最大[　　][　　]（限选2项）

①政府部门　②村（居）委会　③企业（公司）
④党员干部　⑤个人致富能力

7. 请您阅读以下题目，并根据自己的真实情况与想法，在相应选项后的数字上画"√"（请不要错填或漏填）

	完全不符合	比较不符合	有点不符合	有点符合	比较符合	完全符合
居住在这个村（社区），生活很便利	1	2	3	4	5	6
我很认可这个村（社区）的管理水平	1	2	3	4	5	6
这个村（社区）的党建工作做得很好、很实际	1	2	3	4	5	6
与其他地方相比，这里的村（社区）环境条件令人满意	1	2	3	4	5	6
居住在这个村（社区）符合我们家庭的需求	1	2	3	4	5	6
我居住的村（社区）对我有特殊的情感意义	1	2	3	4	5	6
村（社区）让我有家一样的感觉	1	2	3	4	5	6
我很在意别人对自己村（社区）的看法	1	2	3	4	5	6

8. 您认为，本地基层党组织建设哪些问题最严重？[ ] [ ]（限选2项）
①党员年龄结构老化　　②新党员发展指标太少
③年轻党员服务本地少　　④党建活动形式化
⑤党组织胜任力不强

9. 您认为，您所居住的村（社区）哪类公共服务最重要？[ ]（单选）
①公共安全　②基础设施和生活保障　③公共文化生活
④养老　⑤义务教育　⑥医疗

10. 您认为，在实践中，您所居住的村（社区）党支部书记当选最重要的因素是[ ]（单选）
①人品道德　②个人能力　③上级认可　④政治可靠
⑤经济实力　⑥家族支持

11. 请您阅读以下题目，并根据您生活的社区（村）所在

地的真实情况，在相应选项后的数字上画"√"（请不要错填或漏填）

	非常不同意	不同意	有点不同意	一般	有点同意	同意	非常同意
干部和群众关系紧张	1	2	3	4	5	6	7
党员越来越发挥不了模范引领作用	1	2	3	4	5	6	7
贫富差距越来越大	1	2	3	4	5	6	7
违法犯罪越来越多	1	2	3	4	5	6	7
经济纠纷越来越多	1	2	3	4	5	6	7
村民（社区居民）越来越自私了	1	2	3	4	5	6	7
村（社区）里年轻人越来越少	1	2	3	4	5	6	7
赡养老人的越来越少	1	2	3	4	5	6	7
村（社区）里生存环境越来越差	1	2	3	4	5	6	7
社会治安越来越差	1	2	3	4	5	6	7
社会风气越来越差	1	2	3	4	5	6	7
村（社区）里公共文化生活越来越少	1	2	3	4	5	6	7
在村（社区）里住的人越来越少	1	2	3	4	5	6	7

12. 如果对村委会（居委会）某项决定不满意，您如何行使监督权 [　　]（单选）

①找村居监督委员会反映

②找乡镇政府等上级政府反映

③找驻村干部反映

④找身边的党员或者党组织反映

⑤不知道

13. 请您阅读以下题目，并根据自己的真实情况与想法，在相应选项后的数字上画"√"（请不要错填或漏填）

	完全不可信	相当不可信	有点不可信	有点可信	相当可信	完全可信
您认为，现在的地方政府	1	2	3	4	5	6
您认为，现在的村（居）委会	1	2	3	4	5	6
您认为，现在的党员和党组织	1	2	3	4	5	6

14. 您经常遇到的引起矛盾纠纷的事情主要是 [   ]（单选）

①邻里、亲戚日常生活纠纷

②社会救助、福利、补贴类的纠纷

③"两委"选举纠纷

④土地纠纷

15. 对于以下表述，请根据自己的认识或感受在对应的数字上画"√"。其中，数字从1到5依次表示"很不同意"到"很同意"。

	很不同意	不太同意	一般	比较同意	很同意
当人们发生纠纷时，应该请那些有威望的长辈来调处	1	2	3	4	5
年轻人应当尊重传统习俗	1	2	3	4	5
避免错误的最好方法就是遵从有威望长辈的经验和建议	1	2	3	4	5
在家庭关系中，女性应当服从父亲或丈夫	1	2	3	4	5
领导就像一家之主，老百姓应当服从他的权威	1	2	3	4	5

16. 您认为，村（居）委员会选举公正吗？[   ]（单选）

①非常不公正　②有点不公正　③一般

④比较公正　　⑤非常公正

17. 请您阅读以下题目，并根据自己的真实情况与想法，在

相应选项后的数字上画"√"（请不要错填或漏填）

	非常不同意	比较不同意	有点不同意	有点同意	比较同意	非常同意
党和政府树立的模范党员、干部具有非常高的威信	1	2	3	4	5	6
党和政府有为老百姓主持公道的愿望	1	2	3	4	5	6
党和政府的政策确实是真心实意关心老百姓的	1	2	3	4	5	6
党和政府在老百姓的心里威信很高	1	2	3	4	5	6
党和政府有能力为老百姓主持公道	1	2	3	4	5	6

18. 在维持良好社会秩序方面，您认为哪些主体应该发挥主要作用？[　　][　　]（限选2项）
　　①企业（公司）　　②政府部门　　③社会组织
　　④公民个人　　⑤村（居）委会　　⑥党员和基层党组织

19. 对于以下表述，请根据自己的认识或感受在对应的数字上画"√"。其中，数字从1到7依次表示"非常不同意"到"非常同意"。

	非常不同意	不同意	有点不同意	一般	有点同意	同意	非常同意
当地政府的决策，离不开老百姓的参与	1	2	3	4	5	6	7
地方政府为公民的政治参与提供了多种有效的途径	1	2	3	4	5	6	7
有关政策讨论我会积极参加	1	2	3	4	5	6	7
我是基层群众自治的积极参与者	1	2	3	4	5	6	7
党员能密切联系群众，群众意见能够对党组织产生充分影响	1	2	3	4	5	6	7

20. 您参加过人大代表社区联络站举行的人大代表接访走访活动吗？[　　]（单选）

①经常参加

②很少参加

③一次都没有参加过

④不清楚本社区是否有人大代表联络站

"党建引领基层治理创新的阳泉郊区实践"项目组

2022年5月

参考文献

一 专著及文集

习近平:《决胜全面建成小康社会 夺取新时代中国特色社会主义伟大胜利——在中国共产党第十九次全国代表大会上的报告》,人民出版社2017年版。

习近平:《高举中国特色社会主义伟大旗帜 为全面建设社会主义现代化国家而团结奋斗——在中国共产党第二十次代表大会上的报告》,人民出版社2022年版。

《习近平谈治国理政》,外文出版社2014年版。

《习近平关于全面从严治党论述摘编》,中央文献出版社2016年版。

《习近平关于社会主义社会建设论述摘编》,中央文献出版社2017年版。

《习近平在全国组织工作会议上的讲话》,人民出版社2018年版。

胡伟:《政府过程》,浙江人民出版社1998年版。

林尚立:《当代中国政治形态研究》,天津人民出版社2000年版。

杨光斌:《政治变迁中的国家与制度》,中央编译出版社2011年版。

周庆智:《县政治理:权威、资源、秩序》,中国社会科学出版社2014年版。

周庆智:《在政府与社会之间:基层治理诸问题研究》,中国社会科学出版社2015年版。

周庆智:《中国基层社会自治》,中国社会科学出版社 2017 年版。

周庆智:《官治与民治:中国基层社会秩序的重构》,社会科学文献出版社 2019 年版。

二 期刊及报纸

习近平:《在纪念毛泽东同志诞辰 120 周年座谈会上的讲话》,《党的文献》2014 年第 1 期。

习近平:《在庆祝全国人民代表大会成立 60 周年大会上的讲话》,《人民日报》2014 年 9 月 6 日第 2 版。

习近平:《在庆祝中国人民政治协商会议成立 65 周年大会上的讲话》,《人民日报》2014 年 9 月 22 日第 2 版。

习近平:《毫不动摇坚持和加强党的全面领导》,《求是》2021 年第 18 期。

陈家喜:《中国情境下政党研究的话语建构》,《国外社会科学》2019 年第 5 期。

《关于健全和完善村务公开和民主管理制度的意见》,《人民日报》2004 年 7 月 12 日第 1 版。

郭定平:《政党中心的国家治理:中国的经验》,《政治学研究》2019 年第 3 期。

《加快推进网络信息技术自主创新 朝着建设网络强国目标不懈努力》,《人民日报》2016 年 10 月 10 日第 1 版。

《坚定改革开放再出发信心和决心 加快提升城市能级和核心竞争力》,《人民日报》2018 年 11 月 8 日第 1 版。

《践行新发展理念 深化改革开放 加快建设现代化国际大都市》,《人民日报》2017 年 3 月 6 日第 1 版。

景跃进:《将政党带进来——国家与社会关系范畴的反思与重构》,《探索与争鸣》2019 年第 8 期。

景跃进:《转型、吸纳和渗透——挑战环境下执政党组织技术的嬗变及其问题》,《中国非营利评论》2011 年第 1 期。

梁海森、桑玉成：《政党中心的基层社会治理模式比较研究——基于新加坡、马来西亚和越南的案例分析》，《国际观察》2021年第3期。

《全面深化改革　全面推进依法治国　为全面建成小康社会提供动力和保障》，《人民日报》2014年11月3日第1版。

《人民对美好生活的向往就是我们的奋斗目标》，《人民日报》2012年11月16日第4版。

《审时度势精心谋划超前布局力争主动实施国家大数据战略加快建设数字中国》，《人民日报》2017年12月10日第1版。

《推进中国上海自由贸易试验区建设　加强和创新特大城市社会治理》，《人民日报》2014年3月6日第1版。

杨光斌：《制度变迁中的政党中心主义》，《西华大学学报》（哲学社会科学版）2010年第2期。

《中共中央关于坚持和完善中国特色社会主义制度推进国家治理体系和治理能力现代化若干重大问题的决定》，《人民日报》2019年11月6日第1—6版。

《中共中央关于深化党和国家机构改革的决定》，《人民日报》2018年3月5日第1版。

后　记

本书由中国社会科学院政治学研究所研究员周庆智的研究团队与山西省阳泉市郊区区委组织部合作，是在对阳泉市郊区党建引领基层治理实践进行实地调研和问卷调查的基础上完成的。

本书由周庆智研究员策划并提出研究主题、立论基础及撰写纲目，最后由周庆智研究员统筹、定稿和审订。

承担本书各部分撰写工作的人员情况如下：前言、第一部分、第六部分：周庆智（中国社会科学院政治研究所研究员）；第二部分、第四部分：刘杨（西安翻译学院副教授）；第三部分：刘杨、倪荣凯（中国社会科学院 MPA 硕士）；第五部分：问卷调查数据分析由刘杨、丛瑞安（北京大学政府管理学院研究生）、李梓琳（中国社会科学院大学学生）承担；实地调研资料整理由刘杨、丛瑞安、李梓琳完成。

本书的完成得到阳泉市郊区广大干部群众的大力支持和配合，参与人员众多，故不一一列出名字，在此一并致谢。

作者
2023 年 5 月